我国酒店行业ESG发展与探索

WOGUO JIUDIAN HANGYE ESG FAZHAN YU TANSUO

罗伊 著

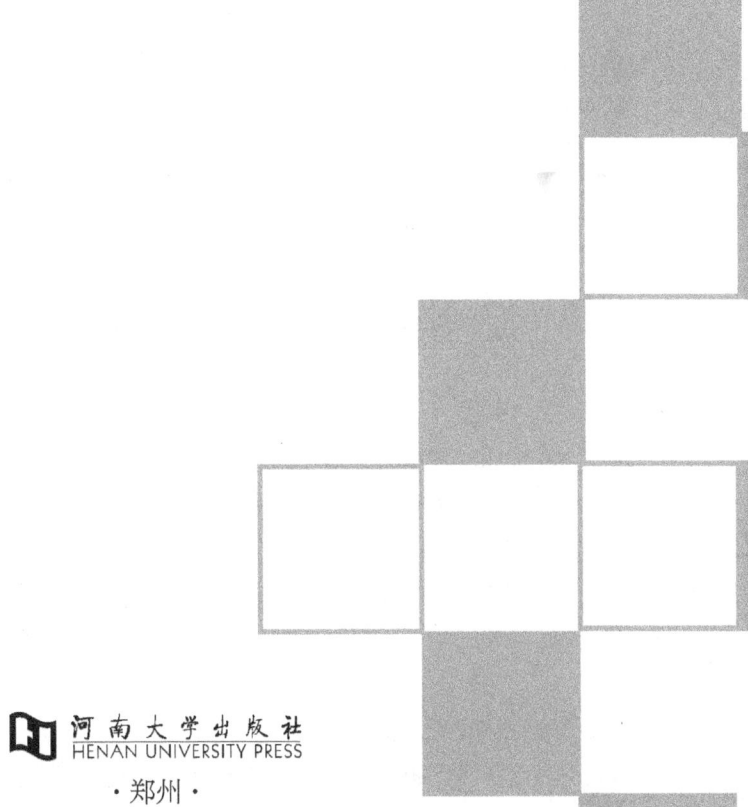

河南大学出版社
HENAN UNIVERSITY PRESS
·郑州·

图书在版编目（CIP）数据

我国酒店行业 ESG 发展与探索 / 罗伊著. —— 郑州：河南大学出版社, 2022.6
ISBN 978-7-5649-5181-8

Ⅰ.①我… Ⅱ.①罗… Ⅲ.①饭店业 – 经济发展 – 研究 – 中国 Ⅳ.①F726.93

中国版本图书馆 CIP 数据核字 (2022) 第 102431 号

责任编辑	马　博　张　砚
责任校对	王春辉
封面设计	郭　灿

出版发行	河南大学出版社
	地址：郑州市郑东新区商务外环中华大厦 2401 号
	邮编：450046　　电话：0371-86059701（营销部）
	0371-22860116（人文社科分公司）
	网址：hupress.henu.edu.cn
排　版	河南大学出版社设计排版部
印　刷	广东虎彩云印刷有限公司
版　次	2022 年 6 月第 1 版　　印　次　2022 年 6 月第 1 次印刷
开　本	787 mm × 1092 mm 1/16　　印　张　12.25
字　数	198 千字　　　　　　　　定　价　49.00 元

版权所有，侵权必究
本书如有印装质量问题，请与河南大学出版社营销部联系调换。

目　录

第一章　绪论：新时代下酒店行业的发展 ································· 1
  一、科技进步对酒店行业发展的影响 ································· 2
　　（一）科技助力酒店实现营销精准化 ····························· 2
　　（二）科技助力酒店实现服务人性化 ····························· 3
　　（三）科技助力酒店实现管理现代化 ····························· 4
　　（四）科技助力酒店实现智能化升级 ····························· 4
　　（五）科技助力酒店实现无接触服务 ····························· 5
　　（六）科技助力酒店提升用电安全 ······························· 6
  二、新冠疫情对酒店行业发展的影响 ································· 7
　　（一）短期的资金链断裂 ······································· 8
　　（二）生存成本高昂 ··· 9
　　（三）长期业绩受到影响 ······································ 10
　　（四）人员流失问题严重 ······································ 10
　　（五）疫情防控压力大 ·· 11
　　（六）小结 ·· 11
  三、消费需求对酒店行业发展的影响 ································ 14
　　（一）追求无接触式消费 ······································ 14
　　（二）追求产品健康化，生活方式健康化 ························ 15
　　（三）追求个性化服务 ·· 15
  四、旅游产业对酒店行业发展的影响 ································ 16
　　（一）旅游产业为酒店行业带来大量客源 ························ 19
　　（二）旅游产业促进酒店行业自身升级 ·························· 19

（三）旅游消费升级促进中高端酒店业发展 …………………………… 19

第二章　我国酒店行业的发展历程与现状　21

　一、我国酒店行业发展历程 …………………………………………………… 21
　　（一）行业简介与分类 …………………………………………………… 21
　　（二）我国酒店行业特征 ………………………………………………… 22
　　（三）我国酒店行业发展历程 …………………………………………… 23
　　（四）我国经济型酒店的发展升级之路 ………………………………… 25
　二、我国酒店行业的发展现状 ………………………………………………… 29
　　（一）我国酒店行业发展概况 …………………………………………… 30
　　（二）我国酒店行业发展启示 …………………………………………… 37
　　（三）我国酒店行业发展趋势 …………………………………………… 40
　三、国内外酒店行业发展对比 ………………………………………………… 53
　　（一）中美酒店行业发展历程对比 ……………………………………… 53
　　（二）中外同类酒店对比 ………………………………………………… 57
　四、我国酒店行业发展不足与前景 …………………………………………… 59
　　（一）我国酒店行业发展不足 …………………………………………… 59
　　（二）我国酒店行业发展前景 …………………………………………… 60

第三章　ESG的发展历程与实践应用　63

　一、发展历程 …………………………………………………………………… 63
　　（一）ESG的相关概念 …………………………………………………… 63
　　（二）ESG的理论基础 …………………………………………………… 65
　　（三）ESG的发展历程 …………………………………………………… 69
　　（四）我国ESG发展的政策环境 ………………………………………… 77
　　（五）国际ESG的发展现状及操作实践 ………………………………… 80
　　（六）我国ESG发展现状及挑战 ………………………………………… 90
　　（七）我国ESG发展趋势 ………………………………………………… 96
　二、实践应用 …………………………………………………………………… 104
　　（一）我国推进ESG实践应用的必要性 ………………………………… 104
　　（二）我国ESG相关政策法规 …………………………………………… 106
　　（三）我国ESG实践 ……………………………………………………… 109
　　（四）我国ESG实践的分析与建议 ……………………………………… 115

第四章 酒店行业的ESG应用 ... 123

一、酒店行业ESG应用的理论与实践意义 ... 123
 （一）酒店行业ESG应用的理论基础 ... 123
 （二）酒店行业ESG应用的理论意义 ... 125
 （三）酒店行业ESG应用的实践意义 ... 129

二、酒店行业标准的发展演变 ... 137
 （一）酒店行业标准的简介 ... 137
 （二）酒店行业标准的主要内容体系 ... 138
 （三）酒店行业标准对中国ESG披露标准制定的启示 ... 141

第五章 酒店行业的ESG披露探索 ... 143

一、酒店行业ESG披露的政策背景 ... 143

二、酒店行业ESG披露的实践背景 ... 145
 （一）行业焦点 ... 145
 （二）企业行为 ... 150

三、现有酒店行业ESG的披露对比 ... 151
 （一）提出方法 ... 151
 （二）结果展示 ... 152

四、酒店行业ESG披露的提出方向 ... 155
 （一）披露主题1：资源与能源 ... 155
 （二）披露主题2：环保与气候适应力 ... 156
 （三）披露主题3：顾客满意度与员工结构 ... 157
 （四）披露主题4：共享住宿 ... 158

第六章 酒店行业践行ESG的展望 ... 159

一、树立ESG理念 ... 160
 （一）通过教育培训，培育商业个体ESG意识 ... 164
 （二）将ESG理念融入企业中，为行业树立最佳实践典范 ... 165
 （三）借助互联网优势，加大ESG宣传力度 ... 165

二、统一ESG标准 ... 165
 （一）目的明确，方法合理与格式规范 ... 166
 （二）提高内容全面性与灵活性 ... 167
 （三）加强制定流程规范性与专业性 ... 167

（四）侧重披露实质性议题 …………………………………… 168
（五）强制ESG信息披露 ……………………………………… 168
（六）构建中国特色ESG评价体系 …………………………… 169
（七）建立健全的ESG管治架构 ……………………………… 170
三、推进ESG落实 …………………………………………………… 170
（一）政府层面 ………………………………………………… 171
（二）企业层面 ………………………………………………… 175

参考文献 …………………………………………………………… 181

第一章
绪论：新时代下酒店行业的发展

随着我国经济的快速发展，酒店行业飞速发展，酒店之间的竞争也越来越激烈。酒店要想在瞬息万变的经济形势中立足并且得到稳定长远的发展，需要顺应新时代的发展要求，不断创新和发展。当下，互联网飞速发展，科技也不断进步，科技的进步对酒店行业产生着至关重要的影响[1]。数字化、互联化、人工智能将成为影响酒店行业的三大技术变革形式，同时这种变革成为能够推动酒店行业的发展的动力。当前，酒店行业互联网化已经进入成熟期，智能酒店也成为酒店行业发展的新趋势。然而，2020年突如其来的新冠疫情的暴发使得酒店行业受到严重的冲击。由于地区封锁和旅行限制，有意愿入住酒店的顾客寥寥无几，许多酒店不得不暂时关闭。挑战与机遇是并存的，尽管疫情的暴发给酒店带来了危机，但与此同时也引发了酒店行业的思考，为酒店行业的发展与转型带来契机。目前，时间已经指向2022年，距离疫情暴发已过去整整两年之久。截至目前，国内疫情依旧不断在各地点状暴发，对旅游及酒店行业的影响也还在持续。但是经过两年的时间，酒店行业也不像疫情初期那样毫无准备，而是做好了顺应疫情防控常态化特点的准备。此外，在新时代背景下，随着人们物质生活水平的提高，消费者的消费需求也发生了较大的变化，逐渐从基础的生理需求发展到追求品质生活，对入住酒店的各方面也提出了更高的要求，进而对酒店行业产生了一定的影响，使得酒店

---

[1] 吴棋.基于当代科技的酒店管理发展研究的实践分析[J].度假旅游,2019(2):97.

行业朝着满足消费者消费需求的方向努力。相应地，旅游产业与酒店行业紧密相连，新时代背景下的产业升级也会对酒店行业产生一定的影响。因此，接下来，本章将从科技进步、新冠疫情、消费需求以及产业升级4个方面对酒店行业的影响作详细介绍。

一、科技进步对酒店行业发展的影响

一直以来，酒店行业是以满足住宿需求为核心并辅以餐饮、健身等多种配套设施的传统服务行业[1]。21世纪以来，科技的飞速发展和人工智能的普及，在便利和丰富社会生活的同时，也为酒店行业带来了全新的机遇与挑战。

科技赋能酒店不仅仅是放个音响和有语音呼唤功能那么简单，更不是简单的机器办理入住或是机器代替员工。毕竟酒店的发展和运营涉及方方面面，例如酒店对外有销售团队，对内有服务和管理，以点状的智能产品来"武装"自己，这并不算是真正意义上利用科技"加持"酒店发展。接下来，本书将介绍相关科技进步对酒店行业带来的影响和变化。

（一）科技助力酒店实现营销精准化

酒店营销是酒店为盈利而进行的一系列经营、销售活动。在移动互联网时代，拥有移动终端的消费者，不再需要到酒店前台确认是否有房可预订，消费者可以随时随地通过酒店APP、官网、OTA平台等多种渠道直接了解和下单。消费者每一次购物都能成为最好的体验，这种体验的分享就产生口碑效应。移动互联网的转型要求酒店在终端上有更多直接送达消费者的产品，真正让客户了解酒店，在网络上形成认知、认可和购买，再到线下体验。这个过程就是移动互联网给营销带来的最大便利。另一方面，用户在获取酒店商品信息的同时，无形之间也成为各大酒店或OTA平台的数据资源，令其可以"投其所好"，精准投放。所以，酒店行业的全面智能化不仅可以帮助酒店节省人工成本，提升效率，而且可以通过精准营销，打造"所见即所需"

---

[1] 酒店高参.疫情时代,科技如何助力酒店业复兴[EB/OL].https://www.jiudianrong.com/newsdetail/id/4929.html.

的营销体验。例如，创略科技将 AI 算法技术赋能 CDP，结合人工智能技术，辅助酒店营销部门实现以算法驱动营销决策，即影响决策的条件不需要人工设置，而是通过算法去完成相应的 A/B 测试和策略的实时调整、优化。通过算法模型，帮助酒店企业精准判断会员客户全生命周期阶段，并据此提供有针对性的内容、活动或者优惠券的触发式自动推送，实现客户留存及营销的精准度，提升复购率及辅营产品销售。

（二）科技助力酒店实现服务人性化

酒店发展的一个重要内容就是要实现"个性化服务"，运用各种科技成果可以满足顾客的需求，为顾客提供个性化服务，于细微之处体现酒店的人文关怀。现代科技在酒店服务方面的应用可大致分为前厅服务科技应用、客房服务科技应用等[1]。

从前台服务的角度来看，现代科技对酒店行业的影响最大的体现就是对服务机器人的运用。在中国智慧酒店联盟成立大会上，机器人第一次进入酒店行业，由此开始，学界产生了大量相关文献。雅乐轩酒店于 2014 年发布了首款服务机器人——A.L.O，该机器人能够运输物品，并与该平台进行交流。

2015 年，Savioke Robotics 公司制造了 Relay messenger，日本 Kokoro Robotics 公司为日本长崎 Henn-na Hotel 酒店配备提供 10 台机器人；北京 Lavande 北京亚运村门店，在中国率先引进了机器人接待服务，酒店实现了服务机器人的智能化。在 2017 年，智能楼宇管理服务机器人、酒店服务机器人、管家机器人等陆续涌现。

世胜科技于 2018 年推出了自主入住机器人。由于商业机器人能够为酒店提供更多的服务，因此，许多学者都在致力于提高服务机器人的性能。张剑、邢妍、刘利军（2016）分别针对酒店机器人的人机互动设计作了探讨[2]，田应仲、何朝伟、陈时光（2017）等为酒店机器人开发了一套系统软件，以解决酒店机器人的人机互动问题的系统软件等[3]。尽管有些酒店目前已实现利用机器人

---

[1] 王建喜，林晓意.现代科技与酒店发展国内研究动态与展望[J].特区经济,2019(6):104—107.
[2] 张剑,邢妍,刘利军.酒店送货机器人人机交互设计应用研究[J].工业设计,2016(12):73—75.
[3] 田应仲,何朝伟,陈时光等.基于 ROS 酒店服务机器人软件设计[J].电器与能效管理技术,2017,(24):29—34.

替代工作人员，但是这些服务机器人大多还停留在应用阶段，仅仅满足顾客的简单需要。例如，这些机器人在为游客提供个性化的旅游咨询上仅限于一些简单的信息服务，而无法替代接待人员办理入住、发放客房卡等烦琐的手续。另外，由于成本和技术水平的差异，酒店能否将服务机器人大规模地用于短期的工作还存在着争论。

在客房服务方面，学者们主要致力于客房智能控制器/控制系统的研究，特别是智能门锁。从智能酒店客房控制器，从智能酒店客房控制器到智慧数字酒店客房系统的应用，再到基于各种技术的智能酒店客房管理系统，客房智能管理已经从独立的智能控制器转变为使用移动应用程序实现客房智能控制。此外，也有学者对客房内其他设备的智能控制进行了研究，如暖通空调总线智能控制系统的研究、适合客房使用的智能音响的研究等。

（三）科技助力酒店实现管理现代化

智能化对酒店的作用，更多且更为关键的体现在酒店的运营和管理上，通过网络可以让客人和酒店进行实时的交流，让酒店能够了解和实现客人的期望和需求。而先进的电脑程序则有利于酒店减少可能产生的人为失误，使工作和运营更加准确、更有效率。如此一来，既可以节约时间，又可以提升工作效率，还有利于强化酒店的管理，让客人享受到最好的服务。例如，要想实时监控每个客房的状态，酒店设备的运转和操作情况，可以使用智能管理控制系统，以直接辅助酒店的运营和管理；要想快速且方便地让客人办理入住手续，可以使用自助登记系统，能够直接提高酒店的工作效率，并在一定程度上节约人员成本。

（四）科技助力酒店实现智能化升级[1]

随着数字化和年轻一代的成长，酒店行业也迎来了智能化升级的浪潮。最近几年，"智慧酒店"的概念从理想照进现实，越来越多的酒店也开始引入智能化设备，"智能酒店""无人酒店""未来酒店"与智能化挂钩的关键词，也成为各大搜索引擎和OTA平台上的热门词。例如云迹科技自主研

---

[1] 环球旅讯.科大讯飞闫菲菲.人工智能如何助力酒店实现数字化升级[EB/OL].https://www.163.com/dy/article/GP53UQDK05118QUG.html.

发的酒店入住中服务数字化解决方案（Hotel Digital Operation System，简称HDOS），将住客、员工、管理者、机器人及AI语音客服连接起来，通过AI自主应答电话问询、智能分配服务任务和机器人与自动仓自主完成接送物等，重构酒店服务流程，可减少约90%的问询及送物等重复工作量，实现住中服务流程闭环，并提升用户的入住体验。随着技术的发展，经过电能源时代、电子时代、互联网时代，目前已经进入了人工智能时代。AI已经不再是未来技术，而是一个很成熟、看得见、摸得着的技术，并且已经在各行各业内有了规范规模化的应用。例如，聚焦酒店全流程接打电话场景，让AI高效完成重复性、流程化的工作，提升业务效率、减轻人员服务压力，让员工有时间专注高价值、精细化、高感受度的面客服务。值得一提的是，除对客户沟通之外，员工内部各岗位的工作也可以由AI处理，如人事部招聘、IT部故障处理等，都可以搭建自己的知识库和对话流程，由AI完成部分业务处理。通过各场景覆盖让酒店的知识库更加完善，让管理层更客观更详细地了解酒店的真实情况，使得科技更好地助力酒店实现智能化的升级。

（五）科技助力酒店实现无接触服务[1]

疫情影响下人与人之间的接触被降到了最低，基于这一需求，"无接触服务"的概念迅速蹿红，无人零售、服务机器人、智能快递柜等业务迅速得到发展。紧接着，"无接触服务"开始从餐饮业走向各行各业，万物皆可"无接触"成为当下的一大主题。而酒店作为人流量大、人员更为复杂的空间，无接触服务可最大限度地保障员工、客人安全。"酒店无接触服务"贯穿酒店服务的各个环节，客人可通过APP等自助完成入住和退房等服务，酒店也可通过机器人替代人工送物至客房，减少人与人的面对面接触。然而，实际上"酒店无接触服务"并非行业的新兴事物，而是早已存在的"智慧酒店"。智慧酒店在机器人的帮助下，可以大大提高运行效率，及时满足客需求，帮助减轻工作人员的负担。同时，智慧酒店中的全程"无人"服务可最大限度地避免交叉感染的风险，在保障服务质量的同时，给予客人足够的安全感。

---

[1] 云智慧专业酒店设计咨询平台.科技助力——酒店无接触服务[EB/OL].https://mp.weixin.qq.com/s/j6W—7JCSLBldWuzUfrhflw.

此外，植入先进的高科技设备会给客人带来新鲜感，为客人提供更加舒适、便捷的入住体验，大大提升客人体验。因此，科技智能的发展使得酒店实现了新冠疫情下的无接触服务，使得酒店更好地满足客人的需求。例如，阿里巴巴旗下首家未来酒店——菲住布渴酒店，是全球首家全场景人脸识别酒店。客人通过手机可提前预订房间，通过手机和酒店的终端，在客人进入酒店后，智能电梯和无触门板会自动识别人脸，并按下楼层的按钮，打开房门。另外，客人一进到客房，天猫精灵智能管家，就可以通过语音开启和控制客房的温度、照明、门窗、电视等功能。除此之外，华住集团在疫情出现之后，为了减少人员的接触，保证员工和客人的安全，率先强制要求5 700多家酒店实行"智能无接触服务"。"华掌柜"现已在中国各地的1 600多个酒店中推广和运用，每年大约有500万人次的用户，每天平均进行121次的物品运送，客人对其在使用上的方便性和安全性都赞不绝口。

（六）科技助力酒店提升用电安全[1]

2021年12月18日，大中华酒店工程师协会与成都阿尔刚雷圆虎科技有限公司成功签署战略合作协议。历经10余年研发与积累，阿尔刚雷独创"绝电技术"，一举攻克了"漏电、短路、电火花"等三大世界性连电难题。专利技术受全球152个国家和地区保护。采用阿尔刚雷"绝电技术"研发的圆虎绝电插座，具有独特的"强防水、强防尘、防短路、防漏电、防电弧"等五大核心功能。圆虎绝电墙插、绝电地插等产品，广泛应用于酒店中式后厨、大堂、多功能厅、客房洗手台、烧水壶、智能马桶、地下车库、户外园林景观等室内室外连电场景。由此可知，科技也能够助力酒店行业安全用电升级，为酒店工程建设添砖加瓦。

综上所述，酒店行业为提高服务质量、工作服务效率和酒店安全性，降低成本，更好地开拓地区和国际市场，必须广泛地采取现代科学技术。先进的科学技术可以为酒店提供全面科学化、数字化、效率化和人性化的管理。科学技术使酒店建筑智能化、信息完善化、设施设备高科技化、服务便利化、

---

[1] 绝电安全插座.【战略合作】科技助力酒店行业，提升用电安全[EB/OL].https://mp.weixin.qq.com/s/26kDUU91tYeFd5iygbtpaA.

管理技术化等等。总之,科技对酒店行业的发展有着重要的影响。比如,科学技术可以让酒店在舒适、快捷、便利、安全等方面为顾客提供优质的服务;同时,也可以提升对外交易的效率,降低成本,改进企业的内部运营,提升企业的工作效率,为客户提供更有效的投资收益信息。因此,现代技术的发展对酒店行业的影响已经渗透到各个方面,不但改善了酒店的服务品质,减少了酒店的经营成本,而且使客人的满意度和黏性都得到了极大的提高。

随着现代技术的发展,传统酒店和现代酒店都在向智能化、智能化方向转变;同时,随着信息化社会的发展,酒店行业中出现了许多智能产品。另外,由于客人对入住体验的需求越来越高,以最优的客人体验为基础的现代技术发展成为人们关注的焦点。同时,各行业协会和各国都十分重视现代技术对酒店产业的影响和推动。比如,2017年4月"中国智能酒店联盟"与"2017北京国际影音一体化技术展览会"(InfoComm China 2017)共同主办了"中国国际智能酒店创新论坛"。由此衍生出的智慧酒店,既是对传统酒店的继承,又是酒店行业今后发展的必然趋势。因此,科技的进步对酒店行业有着积极的影响,能够促进酒店行业更好地发展。

二、新冠疫情对酒店行业发展的影响

2020年初,新冠肺炎疫情在我国突然暴发,这给整个服务行业带来了重大的经济损失。服务业尤其是酒店行业的产品具有"亲身体验"的特性,而由于疫情期间人们都处于封闭状态,无法出门消费,酒店产品的不可贮存特性,使得酒店行业在疫情期间进入冰封期。

因此,突如其来的新冠疫情给酒店行业带来了巨大的冲击。然而,每一次重大危机,不仅能够检视企业发展的"短板",也能帮助企业寻找新的发展契机。新冠疫情的暴发,给酒店行业带来了切实的困难与挑战;同时,也带来了一定的机遇,引发其更多的思考,更为酒店行业的可持续发展带来新的启示。

酒店行业主要依托出差、旅游业务获取营收利润,但疫情期间大多数企业延迟复工、居家线上办公或者大幅削减出差任务,全民抗疫之下聚集性活动、出游玩乐计划大幅度削减,酒店行业在以上背景中面临着经营的困境:

(一)短期的资金链断裂

疫情大规模暴发初期,酒店企业首当其冲地成为受疫情冲击最大的行业[1]。由于疫情的突然袭击,三亚和丽江的入住率直接降到了"冰点",应收账款也下跌了80%;根据STR的初步数据分析,中国内地的入住率在2020年1月初创下了70%的高峰,但在2020年1月26日的时候,已经降到了17%的"冰点",如图1-1所示;由于武汉的封城,大量的订单被取消,全国各地的商店在春节期间的平均退租率都在40%以上。仅仅在春节期间,房屋租赁数量就比2019年春节下降了50%,而营收也下降了80%;疫情造成了春节期间全国酒店出租率较2019年下滑80%以上,疫情严重地区的酒店大多主动或被动关店,其他省份的酒店客房出租率都未超过20%。同时,酒店是资金流量非常大的企业,维持酒店企业的正常运营需要大量的资金支撑,且在各项资金支出中,固定项目支出比重又很高。因此,在酒店营业显著下降的同时,企业内部许多固定支出的费用依旧占比巨大,土地房屋租金、人工费用、维护管理费用等都加剧了酒店经营的惨状,收支出现严重失衡,有些部分酒店面临着短期资金链断裂的困境。

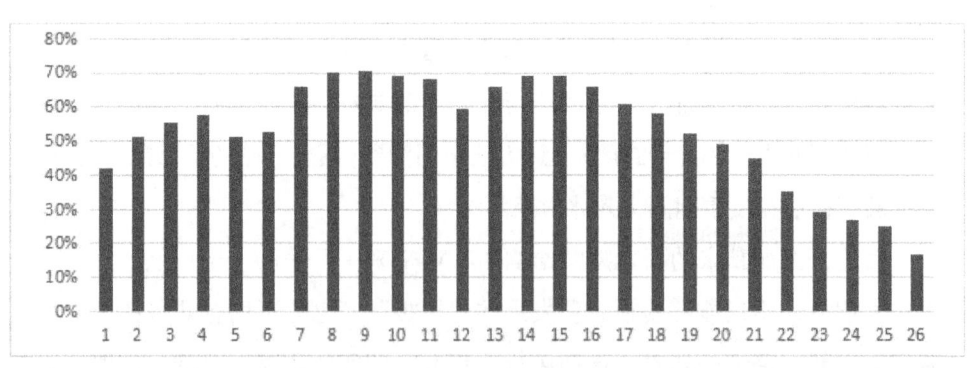

图1-1 2020年1月中国大陆酒店入住率

---

[1] 杨秋莹.后疫情时代酒店业发展策略研究[J].商场现代化,2020(23):80—82.

（二）生存成本高昂[1]

酒店企业固定成本比例高，自有控股酒店面临着前期的高价值固定资产投资折旧压力，租赁酒店面临着高额楼宇租金压力，委托管理酒店也面临着上缴利润和管理费压力。此外，酒店的高人力成本，日常运营固定开支等，也让许多酒店无法回避。再加之疫情的冲击，在这样的情况下酒店行业受到的影响也很大，不稳定的市场环境势必会让酒店的收入下降。酒店行业属于劳动密集型行业，疫情反复影响下酒店的人力成本也在不断增加。这一状况在中国饭店协会研究院2020年发布的"新冠疫情下2020年3月中国住宿业生存现状报告"中的数据得到了验证，大部分酒店（96.06%）的收入大幅下降，其次是人力成本压力，占比88.18%，如图1-2所示。此外，一些豪华酒店和中高端酒店为了确保服务质量，必然需要大量的服务人员来保障运营的需要。因此，受疫情的影响，酒店的生存成本变得高昂。

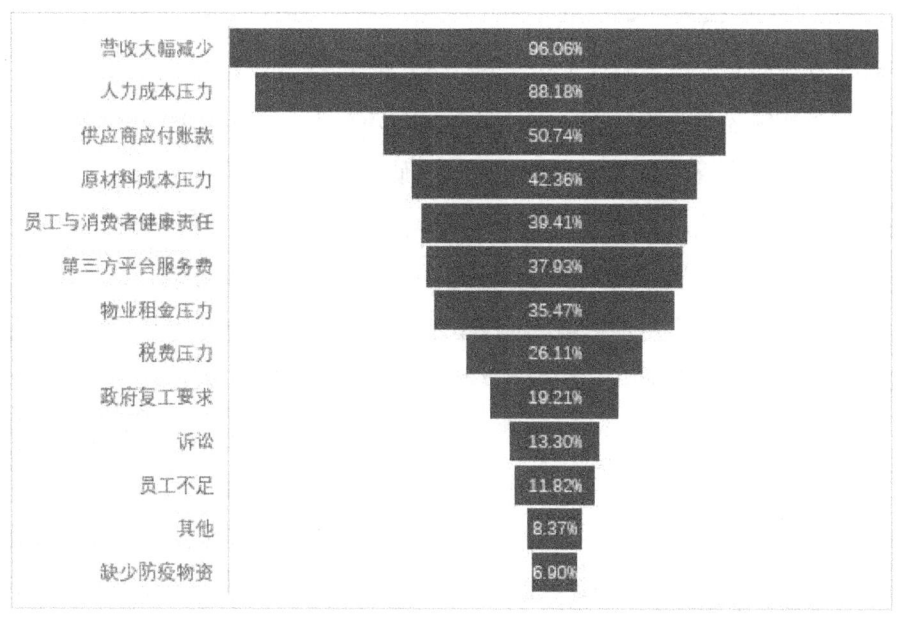

图1-2　住宿企业面临压力排序图

---

[1]　夏必琴,王家祥.疫情对酒店业的影响及对策建议[J].上海商业,2021(5):24—26.

（三）长期业绩受到影响

疫情的暴发使得酒店行业的业绩受到了较大规模的冲击。全国性的传染病防治措施让国内的酒店行业瞬间冻结，即使在国内疫情已经较为缓和的情况下，酒店行业的经营状况也未能得到太大的好转。从疫情刚开始暴发到如今，一直在不断反复出现。从目前的全球疫情形势来看，想要完全消灭它，还需要很长时间。另外，国外病毒的变异也会影响到国内情况，同时跨境贸易和旅行都会受到严格的约束，也在一定程度上限制了国内的跨城市人口流动。中国的旅游产业遭受了很大的打击，而酒店业作为产业链条的一部分，自然也会受到一定影响。未来对疫情的防控或许会成为一种常态，国外的疫情目前还没有得到有效的控制，国内的疫情也不能丝毫松懈，而入境商业和旅游作为酒店业务中贡献最大的一部分也将受到持续的冲击，酒店行业要加强对自身的成本管理，以有效应对持续的业绩寒冬。

（四）人员流失问题严重[1]

在疫情期间，由于酒店业务持续下滑，酒店的营业额可能会需要很长一段时间才能恢复到巅峰状态。酒店的运营成本较高，而酒店的业绩不景气，这给酒店的员工管理带来了很大的麻烦，使酒店可能陷入支出与收入不平衡的困境。酒店应该从业绩下降和经营成本两个角度做出抉择，例如，面对整体经济不景气的酒店，员工也会重新思考自己的工作发展方向，在生存的压力下，许多公司都会主动或被动地退出旅游业务，人才的短缺成为酒店行业的一个大问题。据统计[2]，2020年星级酒店从业人员年平均数是75.68万人，比2019年减少了30.48万人。也就是说，星级酒店从业人员受疫情的影响，一年减员超30万人，平均每10名从业人员就有2.9人失业。此外，中瑞酒店管理学院酒店业研究中心主持的《中国酒店人力资源调查报告（2021）》显示[3]，去年酒店的员工流失率虽然略有缓解，但是情况也并不乐观。对比不同

---

[1] 郭旦华.疫情对酒店业的影响及"后疫情"时代行业的营销策略管理[J].商展经济,2021(19):38—40.

[2] 腾讯网.贵州旅游和甘肃、新疆相差无几？从2020年星级酒店住宿数据看疫情影响[EB/OL]. https://new.qq.com/omn/20210624/20210624A0CION00.html.

[3] 迈点资讯.高管离职、独董逃亡、员工流失,2022年酒旅业人力资源危局何解？[EB/OL].https://baijiahao.baidu.com/s?id=1720349352352088262&wfr=spider&for=pc.

管理模式酒店，国外酒店集团员工流失率相对较高；对比不同档次酒店，档次越高，流失率也越高。

（五）疫情防控压力大

由于酒店的经营性质，每天都会接待来自各地区的顾客，这些顾客的来源分布十分广泛，以旅游为目的的顾客活动路线会更加复杂，流动性也更强。在疫情的影响下，酒店势必要重视内部的传染病防控和传播，防止酒店成为病毒传染扩散的集散地。在新冠病毒的强大传染性面前，酒店的防控压力巨大。在疫情未能得到有效防治之前，必须做好十足的警惕，采取一系列的病毒防控措施，也会加大酒店内部的管理压力、工作人员的工作量、成本开支等。

（六）小结

疫情虽然给酒店行业带来了一定的冲击，但是也暴露了酒店行业的自身短板，并引发了酒店行业的一些思考，也带给酒店行业一些启示及未来的发展方向。

1.不拒绝新的融资

资金链压力是酒店企业面临的一个困境。每次出现全行业性经营困境时，虽然多数企业流动资金不足，但这往往也是许多资金实力雄厚的企业入市抄底的最佳时机。考虑到短期内酒店业得到全面复苏还比较困难，面对资金链的持续压力，有较好生存前景的酒店，可以考虑进行适度融资或资产重组。

2.采用智慧化管理模式

科技的进步使人类逐步进入数字化的时代。酒店要想使规模不断扩大，必须跟上时代的步伐。在很多实地活动都不能进行的情况下，利用互联网这一信息交换平台，以此为基础进行一系列的业务活动。在互联网中酒店资讯的推送和搜索排名，如果因运营管理不当而减少或降低，对酒店业绩的快速复苏以及对已经复工的酒店来说是不利的。因此，酒店不仅可以通过加强网站的数据维护，例如，对酒店的留言进行更新，从而提升酒店的信息质量。酒店还可以通过大力配合和支持平台的建设进行营销活动，例如，参加"安心客房"活动。同时，酒店还可以通过互联网技术搭建自己的智能服务体系。

例如，使用应急预案系统后，可以通过各种数据的挖掘和分析，为酒店的突发事件提供相应的应对方案；同时，加强数字化、智能化建设、网上经营、数字化经营、优化酒店的数字化管理、优化员工和合伙人管理平台等；推动酒店基础设施建设的科技化、智能化，实现过程和关系的无接触，从而达到智能和人性化的完美结合。

3. 积极开创自媒体网络平台，提升存在感

疫情影响下，线上模式发挥了极其重要的作用。线上模式之所以受到青睐，主要是由于疫情居家要求和互联网特性之间的匹配，满足了人们特殊时期的生活、工作和社交的需求。所以，一批网络平台迅速发展，抖音、快手等一大批自媒体视频网络平台逐步成为大家获取外部信息、消遣娱乐的主要通道[1]。酒店可利用媒体平台关注显著增加的趋势，积极运营酒店官方自媒体平台，增加酒店信息的投放，提升酒店的存在感和关注度，并以此为契机，积极拓展新的企业营销平台。

4. 修炼内功

由于酒店行业的特殊性，全面恢复到疫情暴发前的业务水平，可能还需要较长的一段时间。在酒店行业业务量没有全面恢复的当下，是重点加强内功修炼的好时机。利用业务量少，经营场所闲置率高的情况，酒店可以对内部卫生环境进行一轮全面清洁，发动基层管理者和员工，进一步优化现有产品和服务流程，做好员工业务细节能力的培训，为迎接行业恢复后的激烈竞争，提前做好准备。

5. 积极借助外部资源

疫情暴发以后，为了让经济复苏，国家和地方政府制定了一系列的政策，包括信贷、税收、保险、租金、就业等方面的优惠、延迟支付和补助，这些都需要酒店认真了解、咨询、研究，详细参考，保留好原始资料，积极争取最大的帮扶。在经营目标、资金转移、暂缓或减少经费支付、发放避险信贷资金等方面，努力争取经营单位和业主单位的支持和谅解，以减轻经营和资金压力。

---

[1] 张平. 自媒体的发展变革[J]. 中国传媒科技, 2022(2):34—36.

6. 精细化管理，严格控制收支

今后疫情可能会持续很久，一定程度上会导致酒店的经营状况也会持续陷入困境。在资金流入逐步下降的情况下，酒店经营者应加强对资金的控制，加强对企业内部经营的精细管理，并通过开源节流来缓解资金流动带来的压力。在酒店的收入管理上，在一些特殊的情况下要采取一些特别的措施，转变经营理念，营销人员要通过网络平台来促进商品预售，拓宽销售渠道，尽可能争取更多的客户。例如酒店可以加大餐饮业务的投入，开设比较便宜的餐厅，来刺激酒店周围的人群消费，提高效益；也可以每周推出一间免费套间，吸引客人。在酒店支出管理上，财务部门要主动对各类计划支出进行分类管理，不必要的、不重要的费用可以采取暂停、缓支等措施给资金的流通创造时间条件，对于支出消耗较大的人力成本开支，管理部门应该优化组织结构，做好沟通工作，精简组织和人员，通过细节，来最大限度地减少成本支出。

7. 加强酒店危机管理和应对方案[1]

随着全球化深入发展，国际形势不断变化，世界政治经济新秩序尚未建立，东西方文化相互激荡，恐怖主义泛滥，世界并不安宁。而在现代市场经济条件下，企业的生存与发展更是关系到整个社会的各个方面。特别是对酒店来说，作为一个公众服务设施，在其发展过程中，不可避免地会出现一些问题，甚至面对"危机"，如果处理不好，极有可能对酒店造成伤害，造成直接经济损失，甚至导致酒店的倒闭和破产。对一个酒店来说，是否能建立起一个完善的"危机"管理机制，从容应对和处理"危机"，已是现代社会对酒店生存能力、应变能力和竞争力的一个重大考验。疫情影响下大批酒店停业歇业，有些酒店甚至面临着倒闭。然而，一些酒店面对突如其来的疫情危机，也做出了好的表现[2]。例如，酒店可根据设施、人员的安置地点等自身条件，除非符合国家的政策以及得到了地方政府的批准，尽可能地在一个较小的环境下进行营业。现在的客人大多都是在外地，有在前线战斗的医护人员，有在外地工作的工人，在这个特殊时期，酒店提供的客房是雪中送炭的体现。因此，

---

[1] 中饭商学. 酒店必须切实加强危机管理[EB/OL].https://www.sohu.com/a/454234545_120102433.
[2] 章勇刚. 浅谈新冠肺炎疫情下酒店开展危机管理四点建议[J]. 福建茶叶,2020, 42(3):294—295.

面对这场危机，酒店必须积极响应国家、社会、行业协会的呼吁，主动履行和承担自己的社会责任。

本书通过总结疫情对酒店的影响和对策，对酒店自身的风险防范工作进行了分析，在提高酒店的资金管理和防范意识和能力方面提出建议，总结了应对突发事件的经验和对策。

综上所述，疫情给酒店行业带来了巨大的冲击，使其面临着经营困境，但是危机总是与机遇共存的。如今，在疫情防控常态化的背景下，酒店行业虽然有了些许的好转，但是，要想彻底恢复到疫情暴发之前的水平，或许仍需要较长的时间。所以，在全球各地疫情都较为严峻的情况下，酒店行业要做的就是主动寻找市场新机会，不断地创新发展方向，持续完善自己的市场，尽可能扩大自己的经营范围，结合现实需求推出新业务，从而增加利润，以此在渡过"寒冬"之后，酒店行业才可能会重新焕发出勃勃生机。

三、消费需求对酒店行业发展的影响

随着社会生产力的提高，为了更好地满足消费者的需要，酒店将为市场供应更多、更优质的商品。随着人们物质和精神生活水平的不断提高，消费者的消费需求逐渐从低级走向高级，消费范围扩大，产品的内涵越来越丰富，产品的质量也越来越高，酒店行业也已经不仅仅是单纯提供住宿服务。随着消费群体的悄悄变化，酒店的消费需求也在不断地提升，单纯的"洗""息""睡"型酒店已经很难满足当前的消费群体的需要[1]。再加上疫情的影响，消费者的消费需求也出现了一定的变化。

（一）追求无接触式消费

随着疫情防控逐渐常态化，人们更加依赖于便捷化、自助化的无接触式的消费方式。如此一来，不仅可以减少人与人之间的接触，也可以满足自己的需求。因此，酒店可以根据客户的需求，在公共区域和私人区域设置不同的销售区域，将住宿细节化、个性化、体验化，从而让"酒店+新商业零售"

---

[1] 梁秋萍.试论体验经济背景下的酒店产品创新设计[J].科技经济市场,2021(1):92—93.

的发展空间更大、更广。随着物联网、云计算、大数据、人工智能等新兴技术的飞速发展,客户对数字化产品、智能化服务的需求也在持续增加[1],同时也逐渐形成了一种新的消费习惯和方式。酒店行业面对这种需求倒逼的情况,将迎来一个新的数字化发展时期。

(二)追求产品健康化,生活方式健康化

随着90、95后的逐渐成熟、00后的崛起,国内消费已经进入第四代消费时代。相较于第三消费时代,新消费时代消费者从过去追求物质主义、品牌效应开始注重体验转变,不再为过高的品牌溢价买单。新一代消费群体重新审视消费意义,开始追求健康简约、有品质的消费生活方式。同时,疫情让人们体会到了健康的重要性,他们对卫生和健康的关注程度越来越高,并逐步向健康的生活方式和消费方式发展,他们所选择、所信赖的产品和品牌与生活方式相匹配,或对他们的健康有益。面对这样健康化的消费需求,酒店也逐渐重视健康这一主题,努力把健康、有益的产品与服务带到消费者面前。除了消费需求的变化之外,2020年出台的《绿色建筑创建行动方案》、碳达峰、碳中和目标的提出,也影响了我国的绿色建筑行业,使其迎来了快速发展的新时期。酒店通常被认为具有"高能耗、高排放、高污染"的特点[2],而目前也正在通过节能减排,改善居住环境,降低运营费用,从而达到低碳发展的目的。消费者也希望能够在入住环保安全和环境信息公开的酒店,在这种情况下,采用绿色、健康、安全、环保的酒店建筑,将越来越容易被消费者青睐。因此,在后疫情时代,一方面,消费者更加关注自身健康,对酒店绿色安全、舒适、清洁消毒、日常管理等的要求会变的更高、更严格。另一方面,政府部门、相关协会对于行业的监管也会更加严格,包括世卫组织和各地卫生部门也提到酒店住宅,通风等等软硬件方面管理的要求。所以,酒店行业要围绕健康绿色核心发力,打造自己的特色品牌,赢得消费者的青睐。

(三)追求个性化服务

此外,随着智能化时代的席卷,消费者更看重便捷,个性化的客房服务,

---

[1] 林晓珊.新型消费与数字化生活:消费革命的视角 [J].社会科学辑刊,2022(1):36—45,209.
[2] 李沐纯,魏卫.基于低碳技术创新的我国酒店业转型升级发展战略与运营机制研究 [J].生态经济,2012(04):154—157,161.

因此对智慧酒店更加感兴趣。例如，语音控制房内的设备，语音控制空调的开关，温度的大小以及灯的开关，等等，进而为消费者带来更人性化、便捷舒适的居住体验。而且，随着"互联网+"不断颠覆消费者思维，消费者追求个性化、特色化的消费需求，使得当下传统中端酒店品牌很难满足该类需求。因此，酒店行业向智慧酒店的转型将会成为新趋势。

随着人们生活水平的提高，消费者更加追求高质量的服务和设备，而不仅仅只考虑价格的因素。例如，房间隔音、客房设施、酒店装饰与风格等等。因此，随着年轻一代的消费者对高质量服务的强烈追求，酒店行业的服务质量和设备的提升成为必然趋势。

四、旅游产业对酒店行业发展的影响

旅游行业是一种具有综合特征的行业，它涵盖了旅游景区、旅行社、酒店、交通、超市、娱乐场所等，涉及的领域很广，行业也很多。酒店行业在这一领域中占有举足轻重的地位，其发展的好坏直接影响着旅游业的发展。同时，旅游业的蓬勃发展也给酒店行业带来了新的发展机会，两者相辅相成，相互借力，以欣欣向荣的姿态迎接八方来客。本书主要阐述了旅游业在酒店行业发展中的影响。

随着我国经济的飞速发展，物质生活水平有了很大的进步，人们对旅游的需求越发热烈，掀起一股旅游热潮。"旅游"一词热度越来越高，从"世界这么大我想去看看"，到"网红打卡地"等。同时，旅游业作为第三支柱产业，也带动了配套服务业，例如酒店业、餐饮业的发展。虽然2020年初突如其来的疫情是一场考验，对旅游行业和酒店行业是一种沉重的打击，但是这个影响随着现在对疫情的控制，已经得到一定的遏制。随着疫情的好转，国内旅游市场逐渐复苏，消费者的出行意愿也在逐渐加强，酒店行业好转的趋势也将会更加明显。据统计，2021年"五一"假期，文化和旅游部发布的报告显示，国内旅游出游2.3亿人次，同比增长119.7%，实现国内旅游收入1 132.3亿元，同比增长138.1%。"五一"假期前3天，以行业龙头携程为例，酒店房间预定间以及GMV（商品销售总额）数据连续突破平台历史峰值。旅游数据指标的变化对酒店业有着直接的影响。因此，旅游产业的发展与酒店行业的发展有着紧密的联系，并将对酒店行业的发展产生积极的影响[1]。

首先，《中国国民旅游状况调查（2020—2021）》调查数据显示，2019年8月—2020年8月，个人平均旅游消费开支达4 248元，家庭平均旅游消费开支达8 213元；预计2021年8月至2022年8月，个人平均旅游消费开支达5 158元，增长21.4%，家庭开支达9 077元，增长10.5%。由此可知，旅游业的持续发展将为酒店业的发展带来充足的客流。且在旅游消费结构住宿、餐饮、交通、购物、门票、娱乐等消费中，住宿消费的占比最大。可见酒店住宿消费作为刚性需求，是不可或缺的基础性消费，而且随着国民收入水平的提高，品质消费意识的觉醒，旅游出行人员（无论是60后还是00后）更愿意在住宿方面为高品质消费买单，如图1-3所示。所以，旅游业的热潮将能够带动酒店行业的发展。

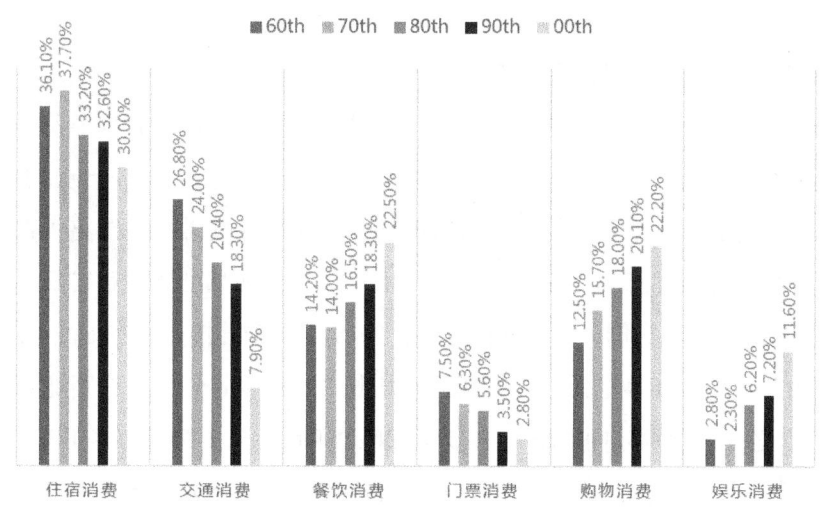

图1-3　2019年将各项旅游消费排在第一位的不同代际选择情况

其次，随着单点式局部疫情的有效控制和疫苗接种率的大幅提升，出行人员扩大出行半径的意愿逐渐增强，各地跨省游市场也在逐步放开，由图1-4

[1]　宋黎娜.试论基于旅游业繁荣发展背景下的酒店管理经营策略[J].经济师,2021(6):132—133.

也可知，跨省出游的业务将会有很大的增长。跨省出游，必然会带动酒店住宿行业的增长，进而促进酒店行业的发展。

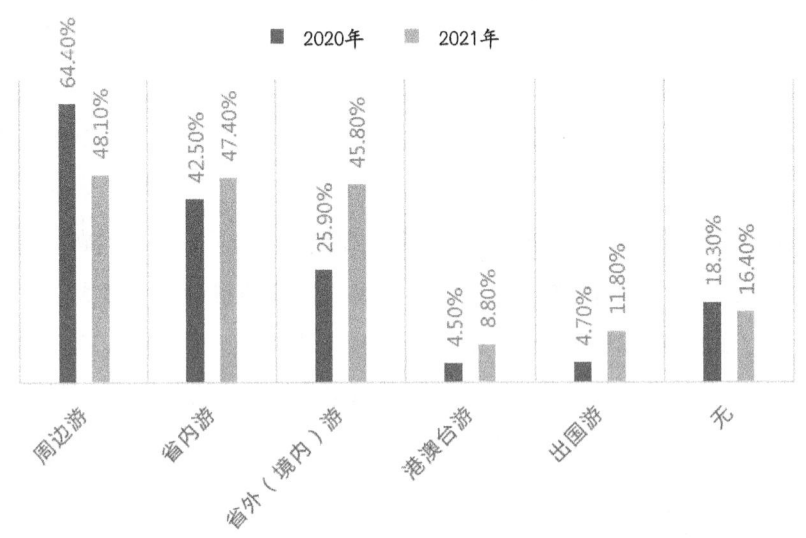

图1-4　2020年/2021年受访者旅游出行范围情况

此外，近年来，红色旅游正逐步成为年轻游客旅行消费的新风尚，红色景点游更是受到广大游客的热力追捧[1]。据同程旅行发布的数据显示，2021年以红色文化为主的名人故居类景点门票订单量相比2019年上涨859%。2021年发布的"建党百年红色旅游百条精品线路"，安徽7条线路入选，涉及安徽30多个红色景点，遍及皖南、皖北9个市。而从酒店住宿市场分析，以安徽六安金寨县为例，公开数据显示，2019年，全县接待游客1 224.4万人次，创综合收入46.8亿元，分别较同期增长20.2%和16.1%。住宿业完成营业额2.2亿元，分别较同期增长18.5%。2021年预计全年接待游客1 300万人次、综合收入50亿元。按此计算，全县日均接待游客量达3.56万人次。即使按50%的住宿需求，也有近1.8万人，这个流量对于县级市场而言很是充裕。再加上本地酒店的品牌连锁化率低，旅客对酒店住宿干净、卫生、安全指标关注度的提升，品牌连锁酒店拥有足够的发展空间，如安徽"君莱酒店""城市之家酒店"，多年精心运营，已成为本地优秀的连锁酒店品牌。所以，红

---

[1]　胡雯.红色旅游持续升温 新生代游客创新高[J].中国对外贸易,2021(7):70—71.

色旅游的兴起能够带动当地优秀的连锁酒店品牌的影响力。

最后，以"亲情"为核心的旅游需求将急速增长，以体验生命美好为核心等新的细分化旅游需求和出行方式将对酒店行业的个性化服务提出更高的要求。同时，从长远来看，整个国家经济发展和人民生活水平是不断提升的，外出旅行已经成为人们重要的生活方式之一。所以，旅游产业的增长将会如何促进酒店行业的发展呢？

（一）旅游产业为酒店行业带来大量客源

据统计[1]，2021年"五一"假期，文化和旅游部发布的报告显示，国内旅游出游2.3亿人次，同比增长119.7%，实现国内旅游收入1 132.3亿元，同比增长138.1%。"五一"假期前3天，以行业龙头携程为例，酒店房间预定间以及GMV（商品销售总额）数据连续突破平台历史峰值。此外，红色旅游正逐步成为年轻游客旅行消费的新风尚，红色景点游更是受到广大游客的热力追捧。

（二）旅游产业促进酒店行业自身升级

旅游行业的空前兴旺，吸引了大量的旅客，酒店的运营利润也随之增加，酒店的竞争也越来越激烈，为了提升自己的市场竞争力，各酒店都积极提升硬件和软件，以满足游客的需要：首先，酒店的基础设施更加完善，使用先进、环保和人性化的设备，力求为客人提供更好的住宿条件；其次，酒店的管理和服务水平不断提升，学习国外酒店的先进管理理念和服务习惯，建立了适合中国市场的运营模式；再次是依托于旅游的酒店，开拓了多种赢利的新路子，比如，在旅游区的几个建议档酒店提供住宿、餐饮、娱乐、购物、健身等多种服务；有的酒店还与旅游公司、景区、交通部门等合作，为游客提供更多便捷的收费服务。

（三）旅游消费升级促进中高端酒店业发展[2]

旅游业的发展同酒店行业的发展存在一定的正相关，也就是说，旅游业

---

[1] 中国新闻网.2021年"五一"假期中国国内旅游出游2.3亿人次[EB/OL].http://www.xinhuanet.com/politics/2021—05/06/c_1127410959.htm.

[2] 中研网.2022年旅游酒店行业现状及发展前景分析[EB/OL].https://m.chinairn.com/news/20220214/092303724.shtml.

的良好发展能够促进酒店行业的发展。随着我国经济的增长、居民生活品质的提升以及我国中产阶级的崛起，人们的旅游消费越来越高，消费升级带动需求增加，将会刺激着中端酒店业需求的不断增长。

《"十三五"旅游业发展规划》明确了"十三五"时期我国旅游业发展的主要目标。城乡居民出游人数年均增长10%左右，旅游总收入年均增长11%以上，旅游直接投资年均增长14%以上。到2020年，旅游市场总规模达到67亿人次，旅游投资总额2万亿元，旅游业总收入达到7万亿元。旅游业对国民经济的综合贡献度达到12%，对餐饮、住宿、民航、铁路客运业的综合贡献率达到85%以上，年均新增旅游就业人数100万人以上。

随着旅游消费水平的提高，中高端酒店的发展也受到了积极影响，迎来了广阔的发展空间。中国饭店协会发布的《2020中国酒店业发展报告》显示，2017年至2019年，中高端连锁酒店均保持着较好的发展势头。其中，中高端连锁酒店在2019年的数量为408 545家，同比上升29.79%；而排名前十的高端连锁酒店在2019年达到113 346间，同比上升51.42%，而经济型连锁酒店在2019年的酒店数同比上升仅为1.89%。虽然疫情在短期内抑制了居民消费的增长，但从长期来看，居民消费的不断增长将会给中高端酒店的发展创造新的机会。

第二章
我国酒店行业的发展历程与现状

一、我国酒店行业发展历程

（一）行业简介与分类

酒店，通常也可称为旅馆、宾馆，是一种能为客人提供舒适的、安全的休息环境或睡眠空间的场所[1]。酒店通过销售各种综合服务，如提供客房、餐厅、娱乐等服务，来获取提供这些服务的报酬作为收入。根据不同的分类方式，酒店可以分为不同的类型。按照酒店提供的服务类型，可以分为全服务型和有限服务型两种。全服务型酒店可以提供住宿、餐饮、休闲度假、娱乐、宴会等多种服务项目，而有限服务型酒店所能提供的服务较少，一般只提供"床+早餐"（B&B）的服务。按照酒店的等级划分，可以分为经济型（Economy）、中端（Mid-scale）和高端（Mid-scale）3种，由于目标群体的定位和酒店所处的地理位置不同，3种酒店类型在基础设施、服务、房间价格等方面也是不同的。具体而言，经济型酒店主要以客房为主，服务设施主要以安全、干净、舒适为主，提供的是"B&B"服务。和经济型酒店相比，中端酒店在客房面积、设施、服务等方面都更好，所以平均房间价格比经济型酒店要高一点。高端酒店最能给客人创造极具享受感和体验感的服务，主要以优质的服务和完善

---

[1] 雪球.行业分析|酒店（宾馆、旅馆、旅店）[EB/OL].https://xueqiu.com/6305839677/127207715.

的配套设备为主，可以给客人提供全方位的服务。按照当前国内酒店发展形态，可以分为传统标准化酒店和非标准化酒店，传统的标准化酒店是指酒店设计、设备和服务标准化的住宿场所，包括星级酒店、连锁酒店等，而非标准化酒店以人文、自然、IP资源为依托，打造具有差异化设计、设施、服务的住宿场所，包括主题酒店、精品酒店、IP酒店等。

（二）我国酒店行业特征[1]

1.周期性

酒店行业的经营水平、景气度与国家经济周期波动呈现正相关。在宏观经济处于下行时期，居民实际收入下降，导致旅游消费相应下降，从而限制酒店消费需求增长。同时中小企业经营面临生产经营压力，从而导致商务出行和酒店住宿需求下降。在宏观经济处于上行时，酒店的景气度则相反。因此，酒店行业具有显著的周期性特征。此外，虽然目前中国宏观经济持续保持稳定增长的态势，然而也会因全球性突发事件或全球金融经济的变化而导致出现周期性波动，进而影响酒店行业的发展。

2.季节性

游客的旅游需求随着季节的变化，既受到天气变化的影响，也受到节假日和休假的影响。我国北方和南方的差异很大，由于气候和风景的变化，导致了游客的数量发生了周期性的变化。例如，一些游客会在冬天选择去东北地区滑雪、观赏雪景，使东北地区的游客数量大幅增长，但之后，由于天气、地貌的变化，游客数量将会下降，从而使住宿需求也随之下降。此外，由于法定假期的旅游机会比较充足，而一些法定假期，如劳动节、端午节、中秋节、国庆节等，集中在第二季度和第三季度，所以一般情况下这两个季度出游人数较多，是旅游旺季，对住宿需求也较多。但在春节期间很多人更倾向于选择以回家过年消费为主，所以第一季度的住宿需求会出现显著的下滑。

3.区域性

受中国地域之间的经济发展水平和居民消费水平差异较大影响，一、二

---

[1] 头豹研究院.2019年中国酒店行业白皮书[EB/OL].https://www.doc88.com/p—68173157325080.html.

线城市等经济发达区域和热门旅游城市是中国酒店行业发展最为繁荣的地区，因此酒店行业具有区域性特征。

（三）我国酒店行业发展历程

从新中国成立至今，中国酒店行业经历了起步发展、加速发展、回落、复苏和"黄金十年"阶段，目前处于存量整合与创新发展阶段。

1. 起步发展阶段（1949—1983年）

从中华人民共和国成立之初到 20 世纪 80 年代初，我国的酒店行业处于起步发展阶段，在计划经济体制指导的背景下，高档酒店、接待所的数量不断增多。中国香港白天鹅、国家大酒店等高端酒店，都是以接待外宾为主，而国际酒店则是为满足国内外差旅用户的需要而设计的。随着游客数量的增加和对外交流的增加，对高端酒店的需求也在不断增加。1978 年我国接待外籍人士的总数达 180 万，比之前 20 年的总和还要多。即使是这样，国内酒店的数量也并不是很多，再加上缺乏现代化的管理经验与能力，对整个行业的发展都有一定的影响。于是，在 1982 年北京建国饭店成功引入了首家国际酒店管理公司——半岛集团，以合资经营方式改进了我国各大酒店的服务及管理。

2. 加速发展阶段（1984—1994年）

在这一阶段，酒店行业开始加速发展。1984 年国务院颁发的《推广北京建国饭店经营管理方法的有关事项》中提出了要完善酒店的各项配套设施，这推动了国内的本土酒店的兴起。1984 年上海市锦江集团的成立使得国际假日集团进入了中国内地市场，雅高酒店集团在 1985 年也进入了中国。国际酒店的进入也使国内酒店受到一定启发，为其进步和创新提供了有益的借鉴。1988 年国家文化和旅游部颁布了《旅游涉外饭店星级的划分与评定》，对酒店行业进行了指导和管理，使其在基础设施、服务水平、经营管理方面有了较大的改善。这一时期，在国家的大力扶持下，国内和国际的酒店迅速在国内发展，而国际酒店集团为国内的酒店管理提供了先进的管理模式，使其可以借鉴酒店运作的经验，从而很大程度地推动了国内酒店行业的健康、迅速、规范发展。

3.回落阶段（1995—1999年）

由于扩张速度过快，中国酒店供给过剩，1995年行业利润开始下降。加之，受1998年亚洲金融危机爆发的影响，中国旅游业需求下降，酒店入住率和利润率大幅下降，全行业出现亏损的现象。这一阶段，酒店的供应过剩和金融危机导致中国酒店行业陷入发展低谷。

4."黄金十年"发展阶段（2000—2012年）

中国酒店行业经历了1998年的低迷期，但得益于相关政策的支持及申奥的成功，促进了国内的经济贸易和旅游的快速发展，从而推动了酒店行业的发展。酒店行业在2002年开始扭亏为盈，并逐渐步入"黄金十年"时期。2004年中国的进出境游客数量和国内旅游业都得到了极大的提升，首次达到一亿人次的入境接待人数，达到6,480亿元的收入，这将促进中国酒店行业的繁荣与蓬勃发展。根据中国旅游饭店业协会的统计，2008年亚太地区有782个在建酒店项目，大约占据了亚大地区在建项目的一半。2010年如家、锦江和华住这3家以经营经济型酒店为主的集团，总营收达到83.4亿元，主营业务利润率已突破了历史最高纪录的11个百分点。在这一时期，中国酒店行业在国内经济和旅游业的发展中逐步复苏。酒店市场需求的恢复、物价的提高、盈利水平的增加，促使了国内的本土酒店连锁、海外酒店和单体酒店的成长，尤其是经济型酒店在这段时间里打下了坚实的基础，现代化的酒店管理得到改善，酒店行业也继续保持强劲的发展势头。

5.存量整合和创新发展阶段（2013年至今）

经过多年的蓬勃发展，中国酒店行业已接近饱和状态。为了提升自身的品牌竞争力，一些连锁酒店集团通过兼并来达到资源的相互整合。例如，2016年首旅和如家酒店集团实现合并，锦江集团分别于2016年和2018年分别收购维也纳酒店和铂涛集团，2017年桔子水晶酒店集团被华住集团收购。单体酒店的发展空间逐渐被压缩，并且连锁酒店通过加盟模式加快了对单体酒店的整合。除此之外，面对中国酒店行业的同质化现象以及国际化的竞争，为了在这种背景下还能打造出个性化、差异化、体验化的酒店服务，酒店管理者也在不断地探索其经营管理的新模式。例如，推出特色主题酒店、商务酒店以 IP 酒店等，通过这种创新方式积极开拓新的市场，以从酒店行业的日益激烈的竞争局面中脱颖而出。在此期间，酒店也逐步向大众消费市场发展，以整合资源和研究开发创新型酒店的经营模式，挖掘竞争优势的同时提升营业利润，从而使其实现由"量"到"质"的突破。

（四）我国经济型酒店的发展升级之路[1]

回顾我国酒店行业过去 20 余年的发展历程，可以观察到，在历经黄金十年后，经济型酒店增速放缓，成本压力逼迫酒店走向转型升级之路，中高端酒店开始引领新一轮行业扩张。

1.1997—2005年：经济型酒店起步阶段

1997 年，我国第一家经济型酒店锦江之星在上海开业；1999 年锦江之星首家加盟店面世，标志着中国经济型酒店加盟模式开始兴起；2000—2005 年，如家、莫泰 168、7 天、汉庭先后建立，外资经济型酒店品牌也开始试水中国市场；截至 2005 年末，锦江之星已吸收 50 家加盟店，这标志着中国经济型酒店大规模加盟的时代到来，如表 2-1 所示。

表2-1　1997—2005年我国酒店行业发展历程

行业阶段	年份	经济型酒店发展历程
经济性品牌建立、起步阶段	1997	中国第一家经济型酒店锦江之星在上海开业
	1999	锦江之星首家加盟店开业，标志中国经济型酒店加盟模式开始
	2002	首旅和携程共同投资的如家酒店在北京开业
	2003	第一家莫泰168酒店在上海开业
	2004	外资品牌开始试水中国经济型酒店市场，中国首家宜必思酒店在天津开业、首家速8酒店落户北京、首家格林豪泰酒店落户上海
	2005	①首家7天酒店在广州开业，首家汉庭酒店在江苏昆山开业；②锦江之星已有50家加盟店，标志经济型酒店大规模加盟时代开始

---

[1]　未来智库.酒店行业研究框架报告:强管理输出行业，产品为王[EB/OL].https://baijiahao.baidu.com/s?id=1703075550007280080&wfr=spider&for=pe.

2. 2006—2010年：经济型酒店资本化、集团化阶段，中端酒店开始起步

2006—2010年，经济型连锁酒店数量CAGR为54%，龙头酒店如家、锦江、7天、汉庭先后上市，并获得多轮融资。通过加盟和并购整合，国内经济型酒店品牌龙头规模快速扩张，2006—2010年，如家、锦江之星、7天、汉庭品牌开业酒店数量增幅分别为5.1倍、2.2倍、22.7倍、11.2倍。2010年商务部发布《关于加快住宿业发展的指导意见》，提出支持经济型酒店的发展，在3年内力争将经济型酒店的比重提高到20%左右，以更好地满足大众化群体的住宿需求。

高端酒店市场由外资品牌占领，经济型市场竞争激烈，随着居民消费升级，中端酒店市场成为发展蓝海。根据美通社报道，2008年12月如家酒店连锁店正式更名为如家酒店集团，宣布实施多品牌战略，并率先推出中高端品牌"和颐"；2010年，华住集团推出第一家全季酒店，正式涉足中端酒店市场，如表2-2所示。

表2-2 2006—2010年我国酒店行业发展历程

行业阶段	年份	经济型酒店发展历程	中端酒店行业发展历程
经济型酒店资本化、集团化阶段，规模急速扩张；中端酒店起步	2006	①如家酒店集团在美国纳斯达克上市，融资1.09亿美元；②华平首轮投资1000万美元认购7天酒店20%股权，7天品牌离开珠三角走向全国；③锦江之星母公司锦江国际在H股上市，募资24亿元港币	
	2007	①汉庭获得8500万美元海外融资；②速8中国获美国投资5000万美元；③7天第2轮融资获得9500美元；④如家以3.4亿收购住列经济型酒店十强的七斗星，是我国酒店业资本并购整合浪潮的开始	
	2008	①如家签约第500家连锁店，国内经济型酒店品牌形成以如家为龙头的六强鼎立格局；②7天获得6500万美元国际融资；③如家酒店连锁更名为如家酒店集团，宣布实施多品牌战略	如家率先推出中高端商务品牌"和颐"
	2009	①7天连锁酒店登陆关国纽约交易所，融资1.111亿美元；②如家酒店与携程签订5000万美元融资协议	
	2010	①汉庭在美国纳斯达克上市，融资1.1亿美元；②7天在营店达500家；③锦江之星收购金广快捷70%股权	汉庭酒店集团推出第一家全季酒店，进军中端酒店市场

3. 2011—2015年：经济型酒店收购整合，中端酒店涌现

经济型酒店方面，2011—2015年，经济型连锁酒店数量CAGR为28%，仍然保持快速发展趋势；其中，龙头酒店如家、锦江之星、7天、汉庭品牌开业酒店数量增幅分别为1.1倍、0.8倍、1.6倍、2.1倍，如表2-3所示。

表2-3 2011—2015年我国酒店行业发展历程

行业阶段	年份	经济型酒店发展历程	中端酒店行业发展历程
酒店集团并购整合，经济型酒店转型升级，中高端酒店涌现	2011	①如家开业规模破1 000家，其中直营店500家，加盟店504家；②锦江之星通过品牌授权经营落户菲律宾，是国内经济型酒店品牌首次向海外扩张；③锦江之星与法国卢浮酒店签署协议，以品牌加盟的形式进入法国；④如家以4.7亿美金收购莫泰168全部股权，市场份额从17%升至25%；⑤7天以1.36亿元收购华天之星全部股权，包括21家直营店	
	2012	①汉庭酒店入股中端连锁酒店星程；②汉庭更名华住，成为国内第一家多品牌的连锁酒店管理集团；③7天酒店开业规模超1000家；④如家以5980万元收购e家快捷	
	2013	①铂涛集团私有化收购7天，7天酒店退市；②华住收购怡莱100%股权；③锦江以7000万元收购城市客栈(旗下10家店)	①锦江推出中高端品牌"锦江都城"；②锦江收购中端酒店时尚之旅。旗下21家酒店将翻牌为锦江都城
	2014	华住纳入怡莱，计划5年内由10多家店扩至1 400家	首旅收购南苑股份(6家中高端酒店)
酒店集团并购整合，经济型酒店转型升级，中高端酒店涌现	2015	①根据北京商报，自2015年下半年起，铂涛集团已经不允许上海、深圳等一线城市继续加盟7天品牌，在一线城市若需加盟只能选择旗下中端品牌，而经济型酒店只有三四线城市还在继续招商；②锦江收购铂涛集团(7天母公司)	①华住CEO表示2015年税前利润的增长有70%由中端品牌全季贡献；②如家将"发力中高端产品线"作为当年发展战略；③锦江收购法国卢浮酒店集团(旗下拥有270家中高端酒店)

三大酒店集团纷纷发力中高端市场，亦取得一定成效。1）华住：截至2015年，华住有456家中端酒店，占比11.2%；华住集团CEO向新京报表示，2015年税前利润的增长有70%是由中端品牌全季贡献。2）锦江：2013年推出自创中高端酒店品牌"锦江都城"；2015年锦江收购法国卢浮酒店集团，在境内外拥有302家中高端酒店，占比为13.6%。3）首旅：此阶段公司旗下主力品牌首旅建国为高端酒店，但也开始发展中高端酒店首旅京伦；2015年公司收购中高端酒店南苑股份，公司中高端酒店占比高达64.7%。4）如家（后

被首旅收购）：根据上海商报2015年报道，如家发布全新中端商务连锁酒店品牌"如家精选酒店"，如家CEO孙坚表示，"今年的一大战略是发力中高端产品线"；收购如家酒店后，首旅2015年共开业219家中端酒店，占比7.1%。

4.2016—2019年：经济型酒店转型升级、中高端酒店快速发展阶段，龙头通过收购整合扩大规模并开启海外扩张计划

2016—2019年，如家、7天开业酒店数量分别下降10.6%、9.4%，汉庭、锦江之星开业酒店数量CAGR分别放缓至2.8%、1.5%。房价优惠、性价比高是经济型酒店吸引消费者的最大特点，功能简化使得酒店投入成本和运营成本双低，这是酒店运营方实现盈利的重要保障，但是产品同质化严重也使得存量市场竞争激烈。随着一、二线城市土地红利渐渐退去，市场逐渐饱和，在房价并未大幅提升的背景下，经济型酒店的租金、人工等成本高企，挤压盈利空间，同时，一、二线城市居民消费升级引发行业供需关系发生变化。

中高端酒店方面，2019年，华住、锦江、首旅中端酒店数量占比分别为38%、42%、21%，较2015年分别增加26.8pct、16.3pct、14.1pct。

1）华住开启国际化扩张：2017年华住旗下海友酒店在中国香港开业，这是自创立以来第一家在中国内地以外的酒店；2018年在环球旅讯峰会上，华住CEO季琦表示，华住会以开店和并购两种方式同时进行国际化扩张；2019年，华住集团旗下全季酒店第一家境外酒店于新加坡开业，开启国际扩张之路，并收购德国第一大本土酒店集团德意志酒店集团。

2）锦江靠收购稳坐一位，引入"赛马机制"加速整合：2016年收购维也纳后，锦江客房规模从全球第5升至第1(此时万豪尚未收购喜达屋)；2018年收购丽笙后，锦江客房规模在全球仅次于万豪。根据新京报报道，2018年锦江在前端实施赛马机制，令旗下品牌内部竞争，根据品牌表现决定集团资源分配。

3）首旅酒店向存量要发展：根据新京报报道，2016年首旅总经理孙坚表示要持续发力中高端市场，提出要坚持"向存量要发展"的战略，表示中高档酒店的相当部分将通过对现有3000家存量的改造实现；2018年首旅如家品牌采取收缩战略，确定了核心发展品牌，孙坚还表示未来将继续以中高端产品发展为主轴，力争公司中高端酒店的整体收入超过集团酒店收入的35%，如表2-4所示。

表2-4 2016—2019年我国酒店行业发展历程

行业阶段	年份	行业发展历程	收购整合
酒店集团发力中高端酒店市场，加速布局海外	2016	①经济型酒店增速放缓，大型集团发力中高端酒店市场；②首旅酒店总经理提出持续发力中高端酒店市场，计划2018年，中高端酒店开业+筹备数量从16年底的526家增加至1 000家，到2020年中高端品牌收入占比提升至32%	首旅私有化如家，如家退市锦江收购中端酒店维也纳
	2017	①华佳集团酒店及客房数量规模反超首旅酒店排名第二；②受益于收购如家，首旅2017年净利润同比增长2倍，其中如家净利华佳润占比81.6%	集团收购中高端酒店品牌桔子水晶
	2018	锦江酒店业务已拓展到120多个国家	①华佳集团收购高端酒店品牌花间堂；②锦江酒店收购比利时丽笙集团
	2019	①经济型酒店数量同比增速降至1.3%；②华佳集团旗下金季酒店第一家海外酒店于新加坡开业；③首旅与凯悦成立合资公司，推出中端品牌——选店	华住收购德国第一大本土酒店集团DH,加速布局海外

二、我国酒店行业的发展现状

酒店行业是我国第三产业中的一个重要的支柱产业，对社会发展和人民生活水平的提高中发挥着重要作用[1]，酒店行业发展与国家经济增长、居民消费水平、境内旅游业发展等因素息息相关。虽然，由于疫情的影响使得酒店行业经历了寒冬时刻，但是也为酒店行业带来了新的机遇。因此，本节将简单地概括我国酒店行业的发展现状以及未来的发展趋势。

---

[1] 高光辉.酒店业对经济的影响[J].中外企业家,2015(4):265.

（一）我国酒店行业发展概况[1]

1. 从全球市场来看，疫情加速酒店行业出清

据统计，2016—2019年全球酒店和度假村市场规模连续4年超过万亿美元，并呈递增趋势。2020年，由于新冠疫情的全球影响，跌幅为146.9%，2020年全球酒店和度假村市场规模为6 102亿美元。2021年随着疫情防控及新冠疫苗的全球接种，酒店和度假村市场规模恢复为9 489亿美元，如图2-1所示。

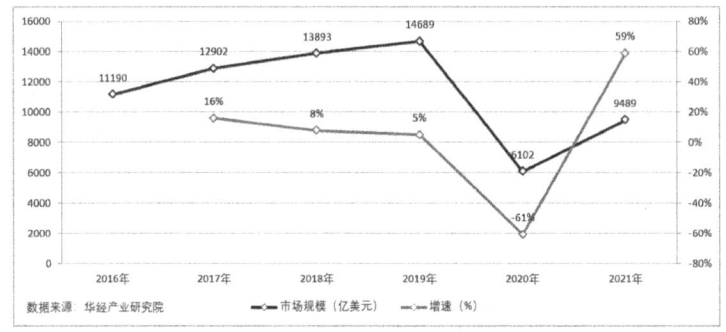

图2-1　2016—2021年全球酒店行业市场规模及增速情况

从国内酒店行业来看，我国2020年出游人次数及酒店客房数大幅下降。据统计，2020年我国酒店客房数从2019年的1 762万间降低至1 532.6万间，出游人次数从2019年的60.06亿人次降至28.79亿人次，如图2-2所示。

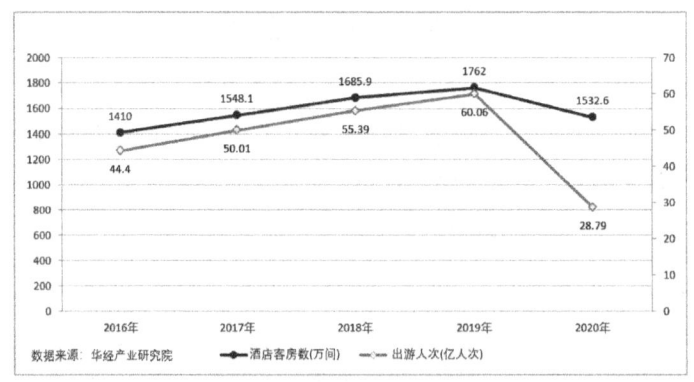

图2-2　2016—2020年中国酒店客房数及出游人次数情况

---

[1] 华经产业研究院.酒店行业发展现状及竞争格局分析,全球酒店行业景气度大幅回暖[EB/OL]. https://mp.weixin.qq.com/s/OG_6UFwAz4DL—rSpKle5cg.

2.中国酒店行业规模不断扩大，星级酒店数量下滑，业绩受疫情影响严重

2011—2019年我国酒店业市场规模总体呈逐年增长态势，2014年增速逐年上升，到2017年开始增速逐年放缓。2019年我国酒店业销售收入市场规模为6 770亿元，同比增长2.72%，如图2-3所示。

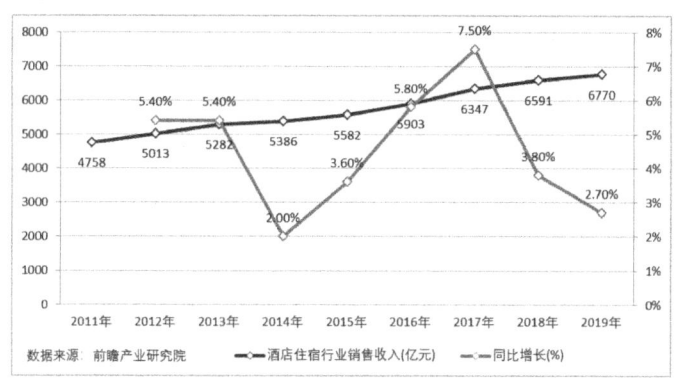

图2-3　2011—2019年中国酒店行业销售收入规模(单位，亿元)

据中国文化和旅游部公布数据显示，近年来我国星级酒店数量总体呈下降趋势，2012年全国星级饭店统计管理系统中共有星级饭店13 304家，至2017年下降至10 645家。2019年全国星级饭店统计管理系统中共有星级饭店10 667家，8 920家星级饭店的经营数据通过了省级文化和旅游行政部门的审核。截至2020年第二季度，全国星级饭店统计管理系统中星级饭店数量为9 923家，共6 345家星级饭店经营数据通过审核，如图2-4所示。

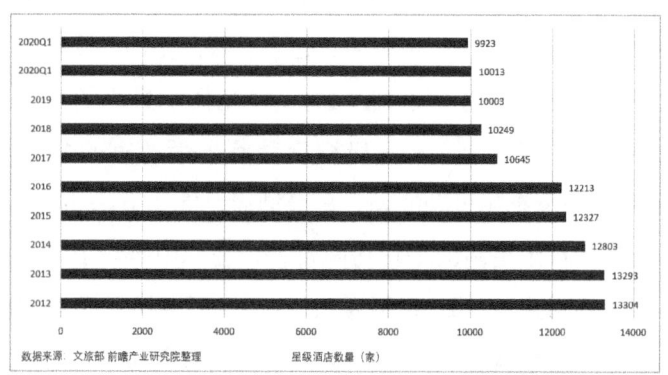

图2-4　2012—2020年中国星级酒店数量

2013年以来,受三公消费限制以及整体宏观经济放缓影响,我国酒店市场整体不景气,2013—2016年我国星级酒店收入连续四年下滑,2016年我国星级酒店营业收入为2 076.3亿元,同比下降1.45%,为近10年来最低。

2017年,我国星级酒店营业收入为2 083.93亿元,摆脱了连续4年的负增长趋势,同比增长了2.07%;2019年全年,我国星际酒店营业收入为1 907.77亿元,同比下降12.93%。从2020年文旅部公布的星级酒店一季度和二季度数据来看,在疫情的冲击下,我国星级酒店2020年上半年营业收入为396.27亿元,同比下滑幅度达到57.76%,如图2-5所示。

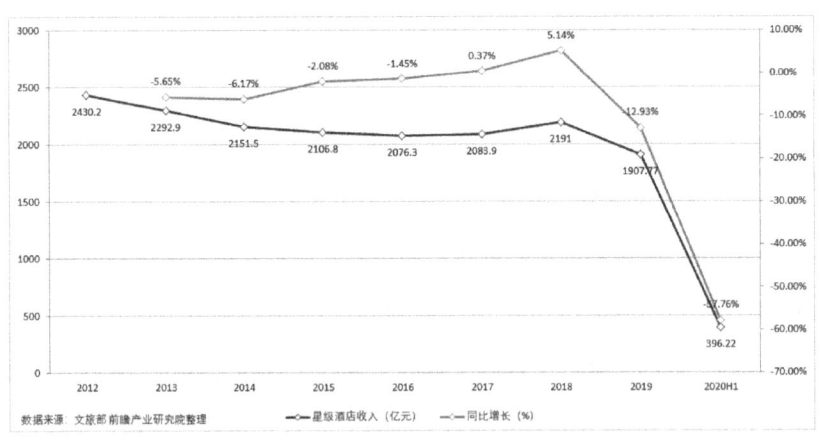

图2-5 2012—2020年中国星级酒店数营业收入及变化趋势

通过对比2019年上半年和2020年上半年各类星级酒店经营情况数据可以发现,受疫情影响,总体营收下降幅度最大的为五星级酒店,同比下降62.6%,下降幅度最小的为一星级酒店;在客房收入方面,受疫情影响最为严重的也是五星级酒店,同比下降70.9%,受疫情影响最小的为一星级酒店,同比下降42.8%;在营收上,二星级酒店受到了最严重的冲击,同比下降63.7%。受到此次疫情影响最轻的是一星级酒店,同比下降48.2%。五星级酒店的收入大部分来自于更高的平均房间价格,在2019年41.05%的五星级酒店收入是客房收入带来的(2018年为52.22%),但疫情对游客的旅行造成了限制,从而对酒店的经营产生不利影响。五星级酒店的损失是最大的,这一点从五星级酒店的销售额下降就可以看出来。另外一星级酒店的营业收入很大一部分是餐饮收入带来的,而由于疫情,大部分酒店的餐饮都不能按照疫情之前正常营业的方式进行,开展了外卖或送餐等服务来弥补损失,所以一星级酒店的受损程度是最小的,如图2-6所示。

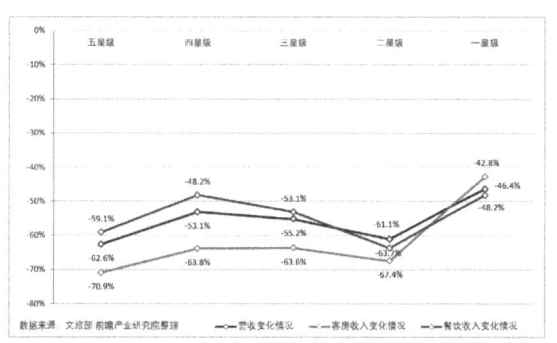

图2-6　2019年上半年和2020年上半年各星级酒店经营情况对比

3.三星级酒店战局主流,行业集中度较高

2020年第二季度,共6 345家星级饭店通过省级文化和旅游行政部门审核,包括其中一星级19家、二星级784家、三星级2 988家、四星级1 874家、五星级680家。三星级酒店占据目前星级酒店的主流地位,为我国酒店行业结构调整,市场需求导向所致,三星级酒店数量占比达到47.09%,如图2-7所示。

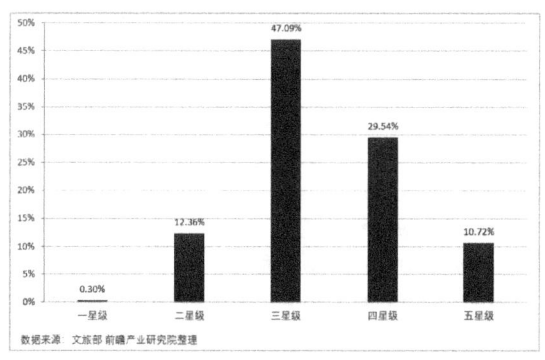

图2-7　截至2020年6月底,中国星级酒店数量规模结构

2015年到2018年,我国酒店行业集中度逐步提升,而在2019年酒店行业集中度有所下降,根据市占率的大小大致可以分为4个梯队。市场份额占

比不过10%的分别为锦江集团、华住集团和首旅集团，市场占有率分别为19.50%、11.99%和9.27%，三大龙头为我国酒店行业的第一梯队，行业集中度CR3达到了40.76%。位于第二梯队的有格林酒店集团和尚美生活集团，市占率分别为6.48%和3.59%，行业集中度CR5为50.83%。位于第三梯队的酒店为东呈酒店集团、都市酒店集团、亚朵生活等，市占率在1%—5%之间。总体上看，我国酒店行业市场集中度仍然较高，CR10达到了59.76%，如图2-8和图2-9所示。

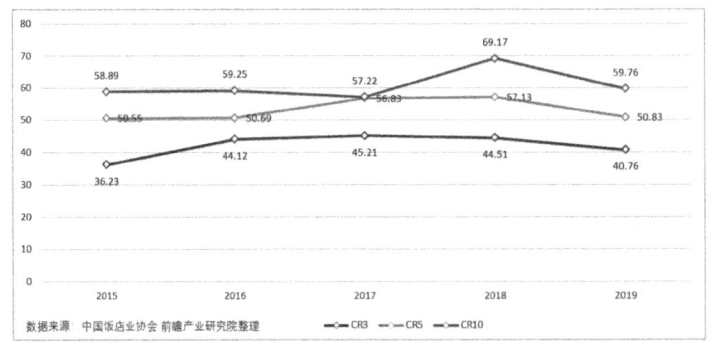

图2-8　2015—2019年中国酒店行业品牌市场集中度（单位：%）

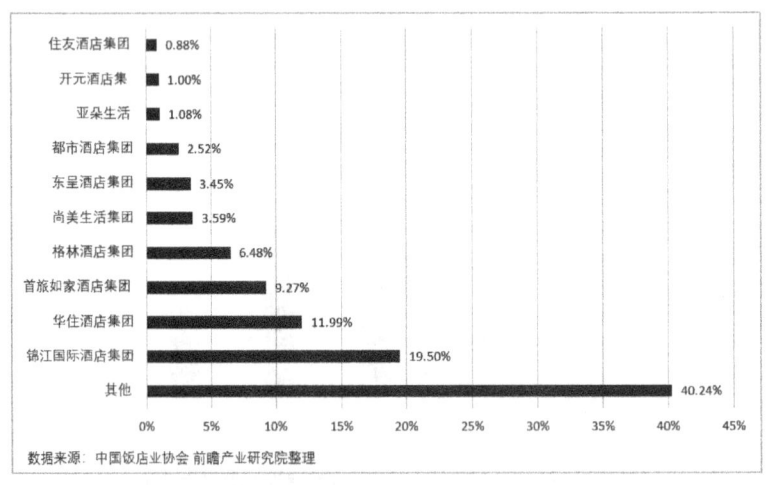

图2-9　2019年中国酒店2019年中国酒店行业品牌竞争格局

美国酒店行业市场集中度CR10约为82.3%，中国较美国还有一定差距，根据发达国家酒店行业发展经验，未来我国酒店行业集中度将进一步提升，中小酒店集团没有足够的力量自建会员体系，因此可以看到近年来行业整合的事件频频发生，大型酒店集团正不断并购中小型酒店集团，进一步提升龙头集团的市场竞争力。

4.重点旅游城市中，上海地区星级酒店经营指标领先

截至 2019 年底，全国 50 个重点旅游城市共有星级饭店 3 631 家，有 3 212 家的经营情况数据通过省级文化和旅游行政部门审核。在这 50 个重点旅游城市中，五星级酒店占同等级酒店比例最高，为 64.84%，如图 2-10 所示。

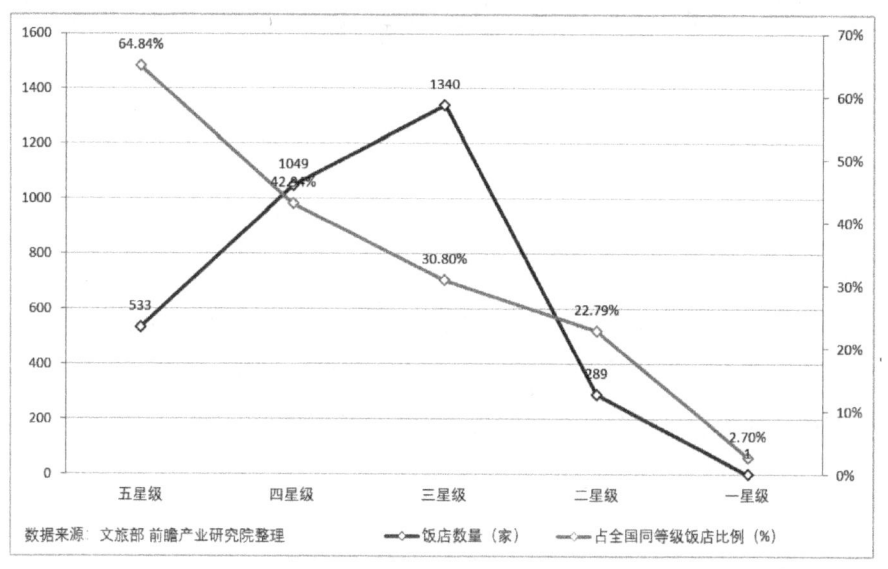

图2-10 2019年重点旅游城市星级饭店规模结构（单位：家，%）

2019 年全国 50 个重点旅游城市星级饭店营业收入为 1 185.43 亿元，占全国营业收入的 62.14%。其中北京、上海两地星级饭店营业收入超过了 150 亿元，北京营业收入最高，达到 199.91 亿元。

从各重点旅游城市经营情况看，平均房价高于全国平均水平 341.76 元/间夜的有 28 个城市，位居前 10 位的分别为上海、深圳、北京、三亚、广州、厦门、南京、成都、武汉和苏州，其中上海的平均房价最高，为 749.49 元/间夜。同时也可以看到，上海市在客房收入和平摊营业收入这两项指标上也排名第一，平均出租率排名第二，达到65.77%，如图2-11所示。

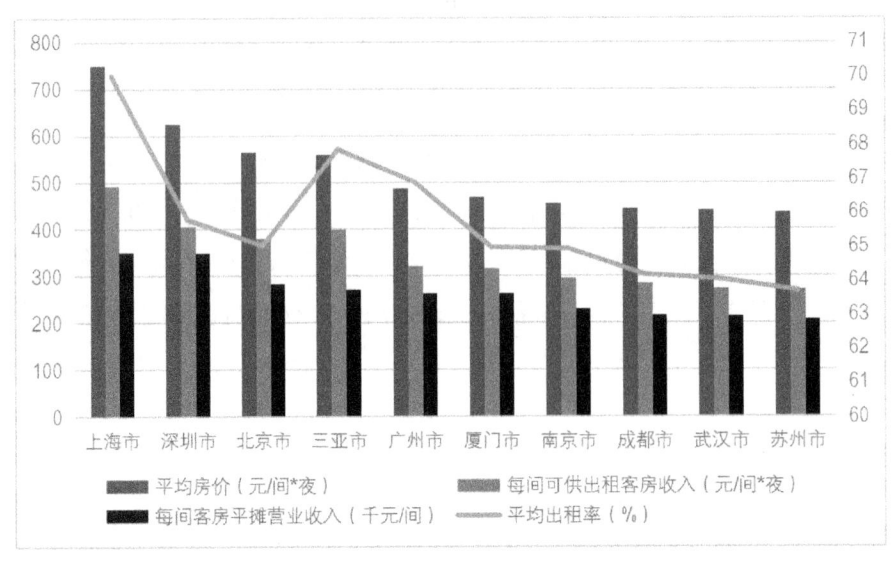

图2-11 2019年重点旅游城市星级饭店主要指标前十名统计表

5.疫情影响减弱，市场将进一步复苏

从短期来看，疫情对酒店行业的影响有限，2020年第二季度我国酒店行业的各项经营指标下降趋势减缓，这一点从文旅部披露的2020年一季度和二季度我国星级饭店统计公报可以发现，如图2-12所示。

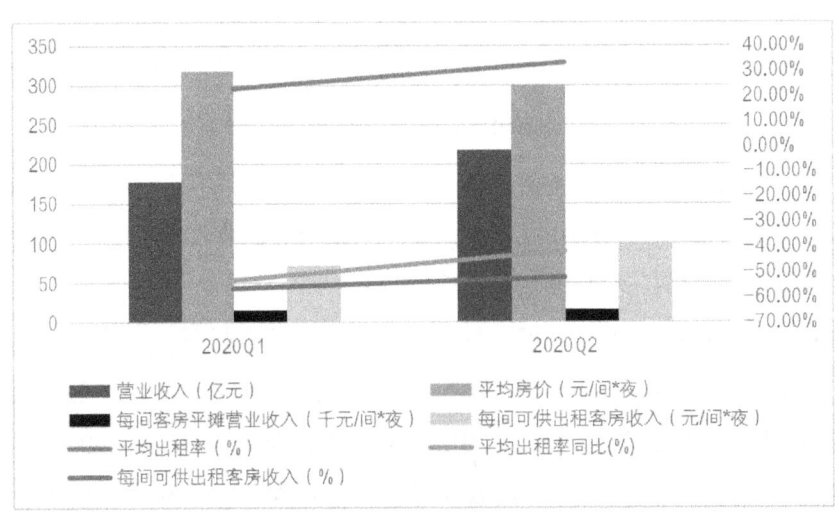

图2-12 2020年Q1和Q2星级酒店运营指标对比

2020年10月8日,经中国旅游研究院(文化和旅游部数据中心)测算,国庆节8天长假期间,全国共接待国内游客6.37亿人次,按可比口径同比恢复79.0%;实现国内旅游收入4 665.6亿元,按可比口径同比恢复69.9%。

由于酒店行业与旅游、商旅行业的高度相关性,因此酒店行业的市场发展趋势在很大程度上与旅游、商务相同,随着疫情对中国影响的逐渐减弱,酒店市场也将迎来进一步复苏的机会。

从长期来看,旅游和商务出行市场的规模扩大、消费者消费水平的提高和消费结构的升级、交通基础设施的完善的便捷性提升,加上科技进步对酒店管理效率的提高,都有助于行业快速发展。

(二)我国酒店行业发展启示

2021年于酒店行业而言是窘迫的一年。疫情的反复、暴雨的突袭、酒店安全危机等,使酒店行业遭遇了黑暗时刻。然而,未来将长期进入疫情防控常态化,因此酒店经营模式的思路也需要有新的变化,以应对未来较长时期的疫情常态化。酒店可以从以下方面进行参考并采取相应的措施以使自己更好的生存与发展。

1.第一方面,重视酒店物业规划的重要性

无论是自己建设的还是租赁的物业,都必须有一个全方位系统化的规划与定位,才能让项目投资回报率事半功倍,才能让工作起到承上启下的作用。不然会浪费投资以及带来严重的风险压力。规划是投资回报率的重要基础,可以让物业有更好的运营空间,成本的减少浪费,项目建设资源的合理配置使用。

2.第二方面,搭建匹配品牌

建立一个与酒店匹配程度高的品牌非常重要,品牌也是酒店项目的基础[1],打造适合客人的产品和服务也是酒店经营模式的一个重要环节。在进行整体规划与调查时,应当先关注的是区域内的重点支持项目的建设与发展,核心商业区、交通枢纽、经济活动管理中心等地区的人流量大,所以这一点决定了酒店的客人数量、消费能力等方面。不同定位的酒店品牌之间具有的

---

[1] 闫博雅.浅析酒店品牌建设——以某酒店为例[J].传播力研究,2019,3(5):193,195.

特点也不同，因此酒店要明确自身的品牌定位，深入挖掘目标群体的需求，才能有针对性的开拓市场。一个优质的品牌的搭建必不可少的就是具备一个全方位的设计规划方案，从门厅外围、大堂、商务区、休息区、餐厅、走廊、客房、卫生间等多地都应处处体现酒店品牌所具有的特色。

3. 第三方面，匹配搭建团队

在行业变化发展的同时，酒店核心技术不变，只有聚焦内功，修炼好内功，才能为创新做出改变。酒店应重视规范、以客户为中心出发。店长业务技能，店长自身业务知识认识，知识学习、业务学习、技能学习、系统化管理学习是辅导员工迈向新的认识与进步的重要工具，应努力做到员工、业主、集团三方面的匹配。

人员流失率、配合度低，这是许多共同的现象。首先是彼此之间的信任，业主投资酒店，按照特许经营合同模式进行管理人员的运营管理，就不能够安排适当性人员进行工作，这样会形成一种工作的困扰。可以多做好沟通交流工作，这样的话模式流程就会更加规范一点，也会按照整个运营管理模式做好团队建设与人才培养计划，为员工提供一定性的服务工作，为员工做好岗位的培训辅导，提供平台化的晋升空间，这样的服务就会营造一种良好的氛围。

成本控制管理体制，这是一件极其艰难的事。每个酒店面临的规模不同，执行就会出现层次的不同，首先是酒店的人员配置，一定是需要符合人房比的要求，这也是最基础工作，也是直接的保障，专岗专用。很多酒店在部分岗位人员配备方面存在缺编行为，就类似安全、工程这样的岗位，都是需要100%的配备培训来进行服务、产品的维护保养工作，业主不能够自己来进行承担，这样的话就会出现批量的客户流失，同时也会造成客户针对服务、产品的感知度受到严重的影响。

渠道管理体制，作为服务行业而言，出现差评的问题是常态化之一。首先酒店必须要具备一种心态，酒店提供的是一种服务，在服务的基础上就是满足基础合规化的需求，这就是服务，在消费者与商家之间建立完善的沟通这是酒店的经营之本。也就是所谓的以客户为中心，只有懂得整个客户的管理，才能使酒店的业绩有持续性的增长[1]。

4.第四方面，营销根本工作

在酒店经营管理中，质量管理、基础管理、收益管理等都是提高酒店竞争力的重要基础，面对竞争激烈的市场，要想使酒店处于良性发展的状态，需要注重底层逻辑，必须扎实与务实，做好一些基本工作。即使是在同一个区域中的酒店也会因服务水平、经营理念等问题表现出不同的竞争态势，而酒店要做的就是打好竞争的基础，从此为根基发展。一方面，酒店的扎实与务实可以从客户群体开始，在酒店公司方面的经营概念里，渠道，场景，甚至人群都是核心竞争，所以所谓"得会员，得天下"，这似乎是一个很玄乎的表述，但实则是一个真实含义的真实表现。回顾过去，在各个行业中，都存在会员这一群体，很大程度上体现了会员的必要性和重要性，酒店业务的不同也在某种程度上与会员所占比例有关。很多酒店都在思考，为什么要发展会员以及会员如何给酒店带来收益，事实上，会员是一个用户黏性非常高的消费群体，在获客成本较高的市场环境中，会员的存在就意味酒店拥有了一批忠诚度高的客人，并且还潜在地提升了酒店的口碑[2]。另一方面，还可以从基本服务入手，其实，酒店的盈利并不是一种一次性的服务和效果，而是一种对"未来"的思考，这也是一种价值。如果没有良好的服务和设施等条件，那么在运营中，酒店就会处于不利的地位，没有任何能支撑酒店长期发展的竞争优势。服务其实是顾客体验的核心，酒店应做好最基本的服务工作，以知识、专业、技术、效率为基础提升服务水平，使客人享受到高品质、专业化的服务，提高竞争力。

5.第五方面，创新拥抱

首先，可以通过提供增值服务来实现酒店的创新发展，比如树立良好的口碑、做客户回访，在回访过程中应做好记录，并将收集到的信息汇总，然后在酒店的会议上讨论，对于客户不满意的地方立刻改进，对于客户满意的地方鼓励其进行宣传，传播口碑，让客户参与酒店的业务活动，成为酒店的

---

[1] 赵英华,刘慧贞.北京威斯汀酒店客户关系管理研究[J].山西农经,2020(3):103—104.

[2] 陶薇,李国昊.大数据时代背景下零售业会员制创新营销策略分析[J].商业经济,2019(2):85—87.

朋友和监督者，同时不断完善客房的服务，提高客户的忠诚度和再次入住率。其次，可以利用客房优惠券的预售来满足顾客在未来可能出现的需求，也在一定程度上可以为酒店的运营提供支持，减少酒店经营压力，推动其长期发展。

综上，随着疫情的好转，酒店行业也在逐渐复苏，但是对于疫情防控常态化的背景下，酒店依然有不断改进的空间来更好的应对疫情常态化的情况。

（三）我国酒店行业发展趋势

2020年，我国酒店行业遭受了沉重的打击，同时也面临着更多机遇。时间已经指向2022年，距离疫情暴发已过去整整两年之久。截至目前，国内疫情依旧不断地在各地点状爆发，对旅游及酒店行业的影响依旧还在持续着。国际疫情基本处于失控状态，这就造成了闭关两年之久的国际旅游开放还遥遥无期。整个2020年和2021年旅游酒店行业都是在焦虑与观望中前进，在焦虑中也得到了一定的发展。面对当下的局面，我国酒店行业的发展趋势如何？

1.中高端酒店仍有较大发展空间，保持快速发展态势[1]

2022年不仅是我国"两个一百年"奋斗目标的关键一年，更是"后疫情时代"国际国内经济发展的重要一年。随着文化经济及智慧科技的不断发展，酒店业也正在进行着潜移默化的变革与高速发展。

近年来，我国酒店行业在内部呈现出明显的结构分化特征。以五星级酒店为代表的豪华型酒店，受疫情及国家相关限制消费政策影响，消费需求逐步下降，同时由于运营成本高居不下、地产投资高峰等多重因素，豪华型酒店的发展速度和规模增长速度呈现连年降低的态势。

而中高端酒店行业受益于消费升级和中产消费群体的快速扩大，加之经济型酒店和豪华型、奢华型酒店的消费转移影响，近年来中高端酒店迎来行业红利时代，连续多年保持快速发展态势。

随着经济的快速发展和人们精神生活品质的不断提高，国内尤其是以上海为中心的长三角周边地区省际旅游和商务流通发展较快。"商务出行""都市旅游""假日休闲"的需求日盛，不断促进着国内商、旅、休闲客流量猛增。

---

[1] 当代创业者.璟隆视界 | 2022酒店业未来发展趋势及投资前景如何？[EB/OL].https://baijiahao.baidu.com/s?id=1721740404582771075&wfr=spider&for=pc.

不论是国际酒店品牌还是本土酒店品牌,都将中高端酒店作为接下来市场布局的核心阵地,其中璟隆集团旗下定位国际四星级的商务文旅探索型高端酒店品牌——文华苑酒店,已开始进行战略布局,以"一城文化寄语一店"充分将中华优秀传统文化及地方城市文化相结合,构造一个集商务、文旅、休闲为一体的国创文化体验性酒店项目。并结合旗下中端轻奢酒店品牌——祥华园酒店,沿长江、黄河、运河进行整体战略布局,形成一条可深入体验中华国创文化与城市文化精髓的特色型连锁酒店体系。截至 2022 年 1 月,璟隆商管集团以长三角为中心聚集辐射,并设立山东事业部,已在全国 120 余个城市进行了项目考察,成功落地江苏扬中、江苏常熟、浙江海盐、山东平邑、山东沂水等项目,预计 4 年内将在全国布局 500 家酒店项目,并积极着手上市筹备计划。

2. 我国酒店业正步入高质量发展的全新时代

近年来,在全球经济环境的发展及促进国际国内经济双循环的背景下,国家相继出台了一系列政策,引导、规范和促进酒店行业发展,包括支持酒店住宿行业做大做强,对酒店的星级评定机制不断完善,规范酒店客房价格的制定,引导酒店绿色化、生态化、智慧化发展等措施,支持和鼓励酒店行业,细分市场业态,进行产业结构调整[1]。

目前,我国已经成为世界上商旅发展最快,受益人口最多、辐射带动力最强的国家之一。有关数据显示,截至 2021 年全国范围内共有超 291 万家酒店相关企业,其中江苏省以 24.7 万家相关企业排名第一,广东省、山东省分列二三名。从注册量上看,2020 年注册量 41.12 万家,企查查数据显示,2021 年前 8 月共新增 4.61 万家相关企业,同比增长 55%,月平均注册量为 3.8 万家。2022 年我国的酒店行业正逐步走向大规模、精品化、高质量发展的全新时代。

3. 文化与科技相融合的特色型智慧精品酒店将成为未来发展的趋势

我国酒店业持续保持高速发展的势头,然而根据《2021 年酒店业技术现状和未来发展趋势报告》,我国绝大部分中高端商务酒店依然以单体经营居多,

---

[1] 法义滨.新形势下酒店经营管理创新策略探讨[J].西部旅游,2021(6):65—66.

既缺乏强势品牌，又无法形成规模优势的特点。更没有形成一批具有国际影响力，逐鹿全球市场的国创酒店品牌。

如今，我国的数字化技术已经处于国际领先地位，但在酒店业中真正非常重视数字化智能技术的还不足30%。我国酒店业数字化转型尚处初级阶段[1]，但我国酒店业在整体技术创新方面的努力从未停止，目前也是正处行业协同共创的关键期。璟隆商管集团IT部潘明启总监表示："以宾客体验为核心的数字化技术应用这一点对于智慧酒店建设来说无比重要。"打造一套完善的智慧化酒店管理服务体系，实现酒店管理和服务的信息化。基于满足住客的个性化需求，提高酒店管理和服务的品质、效能和满意度，将AI数字化技术与酒店管理相融合，实现酒店资源与社会资源共享与有效利用，从而实现酒店运营管理中的应用创新和技术集成创新。而将文化与科技相融合将是未来酒店运营管理的特色，在古典与现代之间构筑最佳旅居生活体验。让宾客在入住酒店的同时不仅可以体验到中华优秀传统文化和地方城市文化的独特文化魅力，又能感受到AI智慧酒店系统所带来的个性化优质便捷服务与无限乐趣。

4.传统酒店通过构建生活消费场景，吸引潜在社区客群[2]

通过打造私人影院、咖啡厅、书吧、零售区，组织社区文化活动、亲子活动、烘焙活动等特色活动拉动周边客群，实现酒店服务内容和服务群体多元化，从而提高入住率、非入住收益及知名度。如：亚朵酒店联合上美影厂开设亚朵美影酒店，设置美术馆风格的公共区域和动画主题房，开设时光电影院功能区，组织一系列社区中心文化活动，吸引周边社区客户观影和参与活动；如：有戏电影酒店打造"私人影院"的生活消费场景，吸引更多当地客户到店观影，酒店屏幕开机率高达98%，入住率大幅提升。

5.主题酒店依托当地历史文化、自然风光景点、主题公园、创意文化等文旅资源，建立差异化酒店服务和经营体系，提供独特住宿体验

通过建筑、装饰品、设施设备等硬件和环境氛围、娱乐活动、经营方式

---

[1] 李晓松.数字化时代下酒店业与高职酒店管理专业的发展策略探索[J].商业经济,2022(4):194—196.

[2] 北大纵横.我国酒店行业浅析[EB/OL].https://mp.weixin.qq.com/s/SLLZlYHDnYhKSbMLZo8vXg.

等软件结合呈现文化元素和特点。如：南京夜泊秦淮君亭酒店棋峰试馆被打造为"科举文化"主题酒店，设"一鸣惊人、步步高升"等房型，因为该地曾经是清嘉庆年间安徽泾县黄田村人朱棋峰为族人来江南贡院参加科举考试投宿所用；通过举办主题活动和营造主题氛围，为客户创造有价值可回忆的经历，满足客户情感和精神消费需求。如：上海迪士尼酒店。目前，我国主题酒店仍处于创新发展阶段，行业分布范围广、连锁化程度低、单体酒店居多，头部企业尚未出现，具备较大发展空间。

6.集团化运作[1]

在中国的本土酒店行业，出现了明显的分化趋势。2020年，3家过去一直处于第一梯队的大企业的差距也变得非常明显，目前锦江集团的客房数量依然排名第一，达80万间，华住集团有60万间，首旅集团有40万间。3家公司的战略目标都很模糊，要么是资产和运营都很忙，要么是两个都不擅长。在未来的酒店行业中，有几个更重要的问题存在，集团化的运营使客房数量的差距大约达20万间，但是在很久以前，他们的差距并没有那么大。与此同时，第一梯队与第二梯队的界限也变得模糊起来，排名第三和第四的首旅和格林存在不到9万间的差距。从各自的第三季度财报来看，三大集团的差距在不断扩大，达到了25万多间，由此可以预测在2022年这种分化将会持续存在。像我们通常所认识到的那样，规模一定程度上取决于集团的实力，而面对新的市场环境，各大集团都会不遗余力地在能力建设上做出战略计划，不同的是，从哪个方面着手，关键在于两点，首先是疫情已经持续较长时间，行业几乎处于低迷状态，面临这种情况，利用集团运营的所有资源和优势，通过提高效率实现利润最大化，毫无疑问将成为2022年各大集团的首要任务。其次是国内的头部集团还会继续努力发展高端酒店，以适应市场的发展以及填补当地酒店的不足。万豪集团、希尔顿集团、洲际集团等全球规模排名最靠前的几家集团都以高端酒店为主，而对于中国来说，高端酒店的比例则较小。受疫情和中美两国之间贸易战的影响，拥有更多资源和更强抗风险能力的大中型酒店集团发展势头保持稳中有增。从酒店规模来看，2020年及2021年，

---

[1] 贤集网.2021年酒店行业发展现状 | 2022年酒店行业发展趋势[EB/OL].https://www.xianjichina.com/news/details_285903.html.

集团酒店数较上年均保持正增长。

根据 2021 中国酒店集团规模 TOP50 排行榜，相较于 2020 年，50 个集团中，37 个集团客房数有着不同程度的增长：华住酒店集团客房增长超 10 万间，增长数（115 286 间）最多，逸柏酒店集团增幅最大，较上年增加 33 696 间客房，增长 141.5%，同样增长率超过 100% 的还有丽呈酒店集团，客房数较上年增加 13 636 间，增长 132.83%。

酒店集团推动区域扩张热情高涨，一方面向大型城市群集中，另一方面有向二线及以下城市下沉的趋势。从省份布局来看，江苏、山东、广东、浙江、上海为酒店集团的优势业务区域，为 2021 年酒店数供给比例前五的地区，而从供给增幅来看，江西、新疆、云南、广西、山西等地的增幅均名列前茅。从城市布局来看，新一线城市依然为酒店集团的核心发展区域；但值得注意的是，下沉市场热度高涨，各酒店集团在三线及以下城市的扩张速度已经超过了一、二线城市，如图 2-13 和图 2-14 所示。

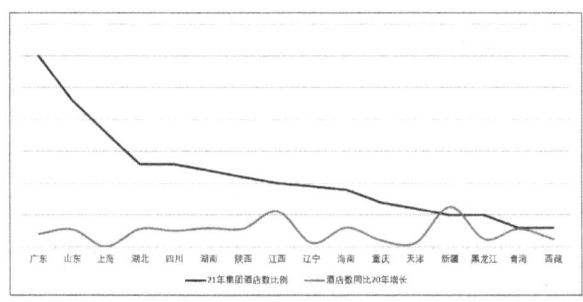

图 2-13　2021 年集团酒店省份分布

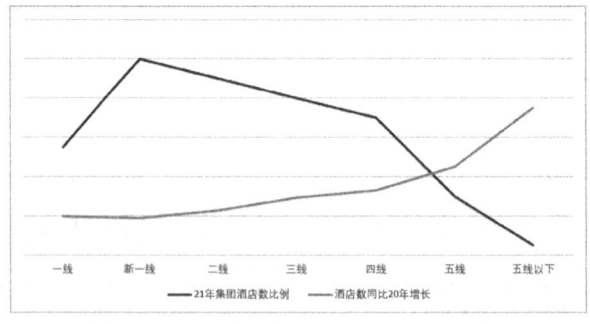

图 2-14　2021 年集团酒店城市线级分布

从星级角度来看，集团酒店下各星级酒店供给呈"阶梯"分布，二星及以下酒店的客房量最多，三星酒店客房量占比其次，四星及五星的酒店客房量规模相近。而从供给增速来看，三星酒店供给增长最快，四星酒店其次，这也反映了集团酒店在中高端市场的投入，如图2-15所示。

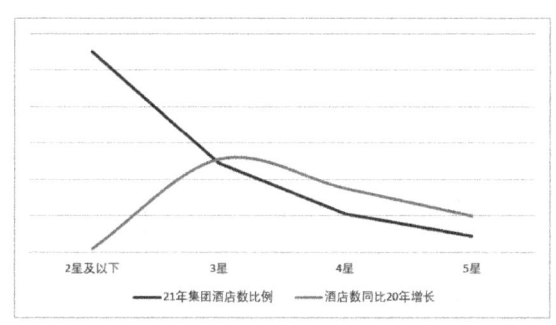

图2-15　2021年集团酒店星级分布

7.X+住宿（食宿）模式的热度[1]

随着电竞、剧本杀等新的娱乐形式层出不穷，酒店也开始有了新的娱乐配置。这种娱乐和酒店业务相融合的基础模式是X+住宿，X通常指的是当下流行的娱乐方式，比如电竞、剧本杀等，住宿就是酒店通常所提供的服务。在最近几年，随着电竞酒店的快速发展，基本形成了一个连锁经营的局面。在中国连锁品牌排行榜前十中，有八成以上的电竞酒店品牌加盟门店数量都超过了直营门店，由此可以看出品牌的推广力度有多大。2021年剧本杀兴起且发展势头较猛，与酒店的融合也发展得如火如荼，比如，著名的开元集团在自己的旗舰店内推出了《黎明将至》谍战主题剧本杀。

X+住宿（食宿）模式在2022年值得业界关注，关键在于这是一种对传统酒店模式的颠覆。传统酒店是以住宿为主要功能，包括餐饮等均属于配套设施；而在X+住宿（食宿）模式中，X代表了某种时尚的生活方式，住宿（食宿）功能则退居于配套的位置，于是有人将其归类为"生活方式住宿业态"。

作为新生事物，这一细分业态是持续发展，还是昙花一现；是基本健康

---

[1]　环球旅讯.回望2021,酒店业在煎熬中前行[EB/OL].https://baijiahao.baidu.com/s?id=1719270411922609313&wfr=spider&for=pc

有序，还是问题丛生，可能要思考这样几个课题：

第一，需要将 X 不断深化，通过提升科技含量、文化含量来达到提供更好体验性的目的；

第二，在此类酒店中，客人不是简单地为了住宿（食宿）而来，但在运营中又确实需要住宿（食宿）功能，因此需要深入研究作为配套设施的住宿（食宿）功能更好的参与方式，努力彰显个性化以及与 X 的融合性；

第三，应将 X+住宿（食宿）类的酒店与传统的主题酒店加以区分，事实上，这是两类不同性质的酒店，前者的灵魂是参与，后者的特点在于观赏；

第四，面对处于萌芽状态的新生事物，行业部门的监管水平、尺度拿捏十分重要，过与不及都不好。过火儿很容易扼杀新事物，不及则会为可能出现的野蛮生长提供温床；

第五，随着 X+住宿（食宿）模式的快速发展，已经出现了若干连锁品牌，这一业态的连锁化经营到底该如何推进，或者能否推进，都需要在实践中不断探索。

不可否认，X+住宿（食宿）模式，为大量单体酒店提供了实施集约化经营之外的另一种选择，开辟了另外的一番天地。从这一角度看是具有积极意义的一种尝试。

同时，酒店还需要清醒地认识到，X+住宿（食宿）模式下的创新动力基本上不会来自于酒店行业内部，因此它也基本上不会依照传统酒店业的内在逻辑演变发展。

8.度假酒店的机遇与挑战

过去的 2020 年和 2021 年，度假酒店成为一支逆势崛起的力量，在很不景气的酒店各传统细分业态中独树一帜，业绩颇为引人注目。

度假酒店的火爆，是旅游高质量发展的必然结果，旅游活动中，更高层次的度假游占比不断上升，观光游相对减少；是持续了两年的疫情，促使那些更关注生活品质的高净值旅行者回流，每年 1.5 亿人次的出境游需求只能在境内市场释放，可以说疫情意外地"成就"了度假酒店。鉴于暂时还看不到疫情可以很快终结的希望，可以预计，度假酒店的红火在 2022 年仍将得以延续。

长期看，随着社会经济的发展和人民生活水平的不断提高，对度假产品，特别是对高端度假产品的需求将持续增长，在此方面无疑具有广阔的发展前景。但从中短期看，疫情终将结束，度假酒店随着后疫情时期国人出境游的恢复，也将势必出现一个调整周期，未来某一个时间段内，出现业绩波动在所难免。

9.碳达峰碳中和践行酒店人使命

在 2030 年前实现"碳达峰"，在 2060 年前实现"碳中和"，这是中国向全世界的庄严承诺，也是包括酒店业在内各行各业必须践行的历史使命，2022 年是实现"双碳目标"的重要开启之年，酒店行业责无旁贷。

酒店实现"碳中和"，本质上就是要减少本行业经营过程中的二氧化碳排放量，这必将成为未来一段时间内一项长期的战略性任务，酒店应该未雨绸缪，提早做好准备。要在以往创建绿色酒店的基础上，有更新的思路、更大的力度和更有效的措施。

要坚持并不断深化一些传统的做法：如取消六小件；在保证客人良好住宿体验的前提下减少布草的洗涤；在日常运营中有节约能源措施等。同时也需有更新的思路和更大手笔，这可能涉及一些高耗能装备、设施的改造和节能优化，甚至涉及建筑设计和酒店装修改造习惯和方式的变革。

酒店业业界要充分认识到国家实现"双碳目标"的坚定性和迫切性，积极研究实现这一目标过程中对酒店行业的各种影响，变消极等待为主动作为，并注意将此项工作与数字化有机结合，力争在落实"双碳目标"过程中创造性地探索出行业的新机遇。

10.单体酒店的破局之道[1]

疫情之下，结合本地消费场景的"酒店+"业态或成为单体酒店新的破局之道。

以电竞酒店为例，在 2021 年酒店行业整体处于回暖状态时，电竞酒店展现了极为亮眼的增长态势，全国电竞酒店数量保持了正增长。电竞酒店主要

---

[1] 商业新知.2021 年酒店行业年度总结：与"疫情"共舞下，路往何方？[EB/OL].https://www.shangyexinzhi.com/article/4562751.html.

分布在武汉、成都、西安、长沙、重庆等城市，而低星酒店占据了电竞酒店大半江山。如图 2-16 所示。

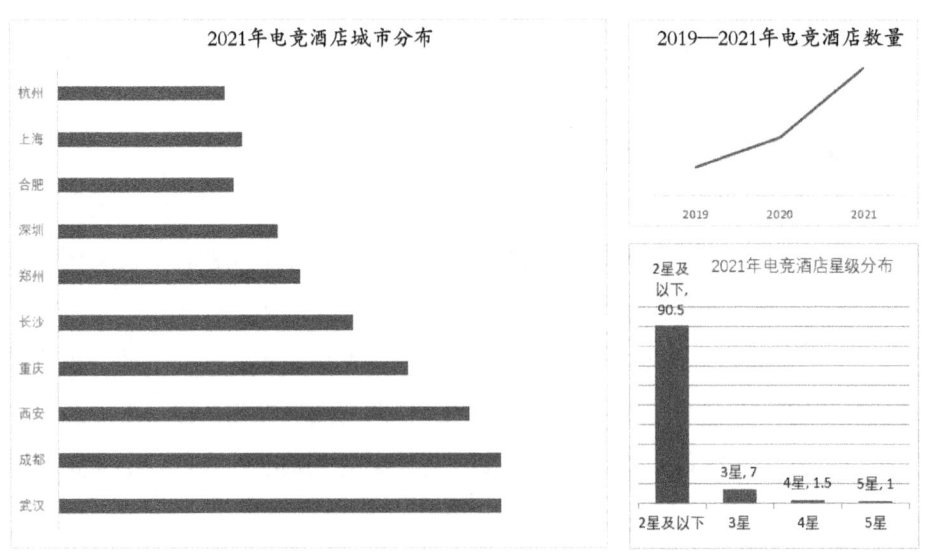

图2-16　2019—2021年电竞酒店数量及分布

而从消费数据来看，2021 年电竞酒店的间夜量较之 2020 年、2019 年均有极大增长，除因 2021 年 8 月疫情影响产量有所下降以外，下半年随着电竞赛事的增多，产量一路增高。值得注意的是，2019 年至 2021 年，平均房价并没有显著提高，如图 2-17 所示。

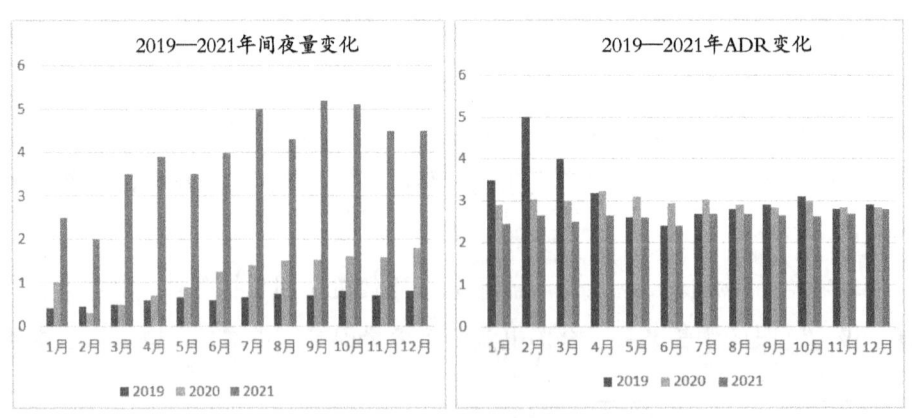

图2-17　2019—2021年电竞酒店业绩变化

电竞酒店的发展是政策扶持与主流风向双重效应的结果。政策方面，全国各地加码电竞产业支持政策，建设电竞场馆，举办电竞赛事举办，大力促进电竞生态形成，行业逐渐规范化。而随着EDG战队的夺冠，全球电竞用户迈上了5亿台阶，越来越多人关注电竞行业。在此浪潮之下，电竞酒店的突出也就不难理解了。电竞酒店作为"酒店+"的一种成功探索，为单体酒店的经营开辟了新的方向。传统的跨界业态如酒店+滑雪、酒店+温泉，新兴的如酒店+桌游、酒店+影音等，相信在合理布局、抓住机会点的情况下，将开拓一片蓝海。

11.连锁酒店推动的市场下沉与存量发展的内卷化[1]

疫情反而加速国内酒店连锁化的高速发展，据统计，过去的2020年和2021年国内的连锁酒店增长了两万家，多数集中在头部集团。多品牌与多渠道市场开拓成为主流。未来，连锁酒店继续保持高速发展，继续将以年一万家左右的速度发展。但是，目前和未来大部分连锁酒店发展的来源将在存量中完成。这就意味着，连锁酒店增长的同时，会有同等数量或者更多数量的单体酒店消失。这是产品优化的持续化过程，在持续3~5年后，国内连锁酒店发展数量将达到10万家的规模，占整个酒店行业45%左右，连锁化率进一步提高。

随着一、二线城市连锁化发展到红海阶段，下沉市场是目前和接下来几年品牌争夺的关键。国内有300多个地级市，2000多个县城，还有很多的建制镇。这些下沉市场中连锁化率依旧非常低，是未来酒店市场发展撬动的关键。从锦江、华住、东呈、首旅等集团的发展数量上来看，过去几年70%的新增酒店来源于下沉市场中，近50%来自存量升级，未来这一比例还将继续增长。

没有了新增市场，各地品牌都在争夺存量，意味着行业进入内卷化的竞争环境。从一座城市到一个项目，有几十个甚至上百个品牌的争夺。目前既有国际品牌，还有国内品牌，行业将进入一个常态化的内卷竞争状态。

12.度假酒店的崛起与民宿的衰退

在疫情后的背景下，原来传统目的地民宿度假区正在遭受毁灭性打击。

---

[1] 酒店高参.2022年酒店业的发展趋势展望[EB/OL].https://mp.weixin.qq.com/s/1ahZFe2zM8x_EDamxkIBdA.

因疫情的持续性影响，依靠跨省游和长途游及旅行社支撑的（如大理丽江）传统目的地旅游区的民宿影响巨大。因为拥有巨大的民宿存量，加上游客减少，越来越多的民宿主难以为继。部分面临着转型升级或者关门倒闭。

民宿产业的发展也经历了三代的发展[1]，从早期农家乐到民宿"老板娘"文化，情怀驱动的民宿投资热潮正被疫情打回原形。之后开启的品牌化、酒店化的民宿发展方向正在深刻地影响着民宿产业的发展。进入到目前阶段，民宿围绕文旅大产业这个母体下，越来越朝着更深的板块去发展，民宿集群、品牌化，精品化，度假产业化方向。集群化的一个显著特点就是如中卫黄河宿集、莫干山、拈花湾一类的成功案例。而度假产业化则是民宿综合体的发展，就是度假酒店的发展趋势指引，一站式综合性度假服务度假村就是这个概念、单纯的民宿概念已经无法满足当下主流消费者的需要。

度假酒店未来将围绕大城市周边来重点布局，这也是疫情背景下恢复速度最快，效应较好的板块。疫情终结了国际游、跨省游，但是无法阻挡人们度假的需要，周边游的旺盛需求促进度假酒店及整个度假产业的发展趋势。并且，度假酒店的本心是围绕文旅产业的发展而跟随的，文旅产业又是跟随国家文旅乡村振兴这个大概念，以及文旅地产的延伸发展，成为一个非常重要的增长板块。

13.地产酒店和国内高星级酒店的未来畅想

国际高星级酒店最大的业主是国内地产酒店，国内地产的蓬勃发展对一些国际酒店品牌的发展也产生了积极的推动作用，而在高星级酒店中，国际酒店品牌的影响力不可小觑。在地产行业进入"青铜"时期后，高星级酒店的发展也进入了转折点，一些国际酒店品牌也纷纷采取了市场下沉和品牌下沉的战略，开发了一些中档产品。这是国产品牌面临的重大挑战，也是阻碍国内品牌更进一步发展的障碍。值得思考的问题是，面对这种情况，国内高星级酒店应该怎样更好的发展，而对于国内地产酒店来说，未来的发展道路也同样是一个必须考虑的问题。

国内地产酒店已经走过了从加盟国际品牌到自主培育品牌之路，万达酒

---

[1] 申榮.新时期民宿产业发展探析 [J]. 北京财贸职业学院学报,2021,37(2):29—32.

店就是其中一个典型的例子,经历了从加盟到自我孵化,再到逐渐走轻资产化的发展道路,但目前的市场反响却不是很积极,万达酒店并没有真正开发出一条适用于自身发展情况的路径。碧桂园孵化的凤悦酒店体系,开创了一条新的发展道路,在国内地产酒店中产生了一定影响,从品牌引入、合资、到自身孵化,都取得了相对不错的成绩,各大房企,如世茂、万科、保利等,都在积极尝试这种道路。在国内地产开发中引入其他品牌,其真正目标并不在于盈利,而在于由此产生的社会影响以及拿地需要,但在当前的社会环境中,这种需求似乎逐渐减弱,而这个庞大的市场的走向如何是业界和社会都关注的问题。

地产酒店未来更多的是走资产运营的思路[1],品牌已经变得不是非常重要,资产货币化是盘活这块市场的目标。如何通过资本或者证券化实现自持酒店自持的利益最大化,金融化属性等是目前及下一阶段地产酒店思考的本质。去国际品牌化也意味着国内品牌有更多的机会去探索高星级酒店市场。

高星级酒店市场现在也将进入存量市场阶段,经过数十年的发展,留下了很多的星级存量酒店,这一板块基本属于自己的品牌,而资产货币化就是为了盘活这个市场。从大鱼文旅研究院的数据来看,截至2022年1月,共有5 000多家四星级酒店和五星级酒店,再加上一些三星级酒店,这个市场已经接近10 000家,存量酒店品牌化和资产化是未来国内品牌的机遇,虽然目前看来,国内品牌要占领高星级新建酒店市场比较困难,但存量整合方面门槛较低,机会还是很大的。现在,华住、锦江、首旅等集团都在加大力度,以求将这个市场占领。国内品牌的高端化不仅仅是对全服务型酒店的经营模式的探讨,更是对酒店资产运营能力的考验,是满足业主双重利益的重要途径。

14.文旅市场的酒店发展机遇和红色旅游的关注

随着城市拿地难度不断加大以及存在利润空间较小的现象,许多房企和国字头企业纷纷转向文旅产业,全国各地陆续出现了许多以文化旅游为主题的项目建设,但文旅项目的建设仍然延续了地产发展的思路。受国家乡村振兴的影响,度假产业似乎又开辟了另一个发展契机。在国家的相关政策指导

---

[1] 柯立佳.酒店地产项目的投资策略研究[J].北方经贸,2017(9):158—160.

和大力支持的背景下，未来文旅产业仍是一个新机遇，且将会继续在风险中发展。文旅作为一个市场新方向，将是开发酒店新市场的最后机会，也将是度假酒店的关键发展目标。文旅市场的规范化和标准化发展，将会促进度假酒店行业的进步，引领行业迈向一个新方向的发展，使行业多元化发展，而其关键在于度假酒店行业的顶层设计规划和实现路径。

在近些年，红色旅游逐步开始受到热捧，是因为有一定比例的刚需市场。一些红色主题的文旅项目及旅游形式正在发展中，一些知名红色旅游城市的市场正在不断提升，如延安等地。未来在旅游及酒店发展板块，也可以关注一些红色旅游相关方向的，或许也是未来一个新的赛道[1]。

15.经济型酒店投资回热和城市生活方式酒店的发展

疫情让消费降级趋势明显，但不意味着产品线走低端路线。经济型酒店走向回暖是因为市场需要更好性价比的产品，而且中档酒店失去了价格优势。另一方面广大的下沉县级市场需要连锁化的需求旺盛，经济型酒店迎来发展的新机遇。此轮经济型酒店发展也是在存量市场中来，并且是围绕下沉市场。

新时代的经济型酒店发展秉持几个新的原则，一个是年轻时尚化，经济型酒店也需要好的设计，好的视觉。不需要规模体量巨大，而需要的是精美，小而五脏俱全，美而造价低廉，在几种维度结合下，新的经济型酒店模式更像是一个微型的咖啡店，轻松而舒心。另一个核心的要素是经济型酒店具备投资安全的属性，在小城市里，比大城市低数倍的租金，房价或许低不了多少，在这样的状况下，经济型酒店或许正在迎来发展的第二春天[2]。

城市酒店随着消费人群的更高要求，千篇一律的产品不再具有吸引有限的客人的能力，而是需要更好的产品。城市生活方式酒店在于更高的性价比，舒适是基本，公共区域的增值服务和体验感才是核心。生活方式需具备城市度假感受，核心要素在于公共区域的配置和设计，沉浸式和体验感的消费心理，酒店不再是住宿的场景，而是吃喝玩乐住的一个集合体。

---

[1] 王炜,陈霞.打造文旅度假酒店,成就非凡体验——以银基冰雪酒店设计为例[J].城市建筑空间,2022,29(1):90—93.

[2] 彭诚.中国经济型酒店室内设计现存问题与对策研究[J].新型工业化,2021,11(1):166—167,170.

三、国内外酒店行业发展对比

(一) 中美酒店行业发展历程对比

1. 美国酒店行业发展历程：历经萌芽+发展+扩张+整合四阶段 步入稳定期

美国作为当前酒店行业最发达的国家，也是现代酒店行业的发祥地，其过去两个世纪的行业发展史很大程度上即是世界酒店行业发展史。通过梳理美国酒店行业的发展历程，探究酒店行业兴衰与经济体生产力水平的联系，并将国内酒店行业发展状况进行对标，从中了解我国酒店行业当前的发展阶段，对阶段特点有所认知。

①**萌芽形成期（1820—1860）：初期行业定位为服务权贵阶层的豪华饭店**

酒店业发展伊始，以服务于贵族名流顾客的高档酒店为主。早期酒店(Hotel)一词多指法国贵族在乡间修建的用于招待宾客的豪华别墅，19世纪20年代美国受益于第一次工业革命的技术进步与生产力的发展，传统客栈业开始向现代商用住宿设施转型，出现了一些装修精美、设施高档的酒店，但多服务于贵族名流顾客。

②**初步发展期（1860—1910）：平民需求涌现，标准化酒店出世**

国家独立和南北战争后政治稳定，劳动力数量增长驱动旅行住宿需求上升。1800年美国劳动力数量仅为190万，到1900年已达到2907万人，100年间增长了14.3倍。劳动力的迅速上升一方面为酒店业发展提供充足劳动力，另一方面也带来了不断增长的旅行住宿需求。

生产力发展与交通方式革命共同催发住宿需求。第二次工业革命带来的生产力进一步发展和城市化进程加快，使得社会财富迅速增长，居民中"有钱有闲"的群体扩大，城市喧嚣拥挤的环境和快节奏的生活压力，也使得大家的出行旅游意愿提高；加之交通方式变革，轮船、铁路、汽车推广开来使得长途旅行成为现实。13岁便进入饭店做服务生的埃尔斯沃思·密尔顿·斯塔特勒1908年在纽约州建造了第一家商业酒店——斯塔特勒酒店，向商旅大众提供住宿服务，被视为现代酒店业的开端，两年后美国饭店协会成立。

1928年美国第一个酒店集团——希尔顿酒店集团诞生。1931年美国饭店协会开始介入酒店行业培训于管理，1947年美国出现第一套酒店预订系统，1949年希尔顿国际公司从希尔顿饭店公司中独立出来，美国第一家国际酒店集团诞生。

③快速扩张期（1950—1970）：大众需求快速提升，特许经营模式加速连锁化率提升

二战后期经济复苏酒店业需求迅速需求拉升，供给快速回暖，汽车旅馆&特许经营模式初现。经济大萧条和两次世界大战使得世界范围内的旅行住宿行业均受到重大打击，但二战后美国经济实力和劳动生产率快速提高，民众收入增长，民航和公路网络的完善使得旅游者的出行范围更加广阔，酒店行业迎来了快速扩张期，这一时期汽车旅馆开始出现，此外还将商品贸易中的特许经营概念创造性地引入酒店行业，标准化＋特许经营的模式使得酒店行业开启大规模连锁扩张之路。

④存量整合期（1970—1990）：需求增速放缓，行业整合中端升级，国际化进程开启

需求下滑倒逼酒店中端升级带动客单价提升，REITs助力行业轻资产转型加速扩张。20世纪70—80年代以美国为代表的西方国家经济陷入滞涨，经济下行导致酒店行业需求收缩，酒店平均OCC从1950年约80%下滑到1970年65%左右。此时行业内开始整合：1）中端升级，优化经营效率：酒店经营的重点从数量增长转移到盈利质量提升，通过明确品牌定位、成本管理、流程再造提升酒店盈利能力，顺应消费需求升级趋势，不断提升服务质量、改善经营模式，行业内的许多汽车旅馆也就是在该时期改造升级为中端酒店。1970—1990年间美国酒店ADR由20美元攀升至60美元，基本依靠平均房价上升带动RevPAR增长；2）开始国际化布局：以总部投资直营、委托管理或特许经营的策略在世界范围内加速扩张，这期间蓬勃发展的REITs成为国际酒店集团扩张的重要融资工具。1975年美国REITs存量规模仅为9亿美元，到2019年8月31日，美国市场166只权益型REITs中，酒店类REITs共有19只，总规模达到472.2亿美元。

⑤稳定发展期（1990年至今）：行业发展趋于稳定，新技术优化经营效益

依靠新技术优化服务效率，通过 CRS/OTA 丰富销售方式，拓宽销售渠道。经过近两个世纪的发展，美国酒店行业的经营理念、商业模式、运营流程均已比较成熟[1]，主要是依靠新技术的应用来拓宽渠道、提高运营效率以期获得更高效益。

2.中国现代酒店行业起步晚，经济型酒店浪潮带动高速发展

中国现代酒店行业从改革开放后正式诞生，发展时间较短，但成长速度极快。第一轮和第二轮快速增长分别对应了中国市场经济改革发展和加入WTO后的经济飞速增长时期。此外，1994—1999年的行业回落阶段对应了国有企业改制的社会阵痛期，2013—2016年的行业短暂停滞阶段是受中央八项规定出台的短期影响，由此可以看出中国酒店行业虽然起步很晚，但整体发展极快。

涉外宾馆、观光型饭店拉开我国酒店业发展的序幕。建国以来至改革开放前（1949—1978年），我国几乎不存在真正意义上的酒店，住宿业设施多为招待所，设施比较简陋；改革开放初期（1978—1985年）境外游客前往大陆旅游人数剧增，这一时期入境旅客CAGR高达37.6%，其中仅1979年就有420万人，同比增长133.33%，在此期间为了满足快速增长的入境游客住宿需求，政府建设了一批涉外宾馆，除1984年建成的锦江饭店外，其他大多为利用外资/港资建设的，我国酒店业开始从接待型的国营招待所向现代化企业转型。1986年1月全国旅游工作会议上中央把发展旅游业列入国民经济发展计划并投资132亿元用于酒店建设和旅游资源开发，这一时期掀起了政府部门、集体和个人自建酒店的热潮，且多为面向港澳台和国外游客的观光型饭店，专业型酒店很少，游泳池、咖啡厅音乐厅等配套设施较齐全。截至1990年，我国饭店数量为1987座，客房数约为29万间，其中客房数100间以上酒店占比约55%，客房数300间以上酒店占比约11%，可见彼时的酒店建设以大型酒店为主，也并非面向国内居民出行所需。

国企改制、酒店行业需求增长缓慢，仅保留住宿基础功能的经济型酒店

---

[1] 齐新征.跨文化背景下中美酒店管理比较和借鉴[J].四川旅游学院学报,2018(3):31—33.

跃然出世。1991年我国星级酒店评定工作全国推广，共评定星级酒店852座/占全行业40%，星级酒店成为酒店行业的主体，但随着1993年起国有企业改制推进，全社会进入了转型的阵痛期，经济发展受阻，酒店行业需求增长缓慢，而星级酒店因为规模大、成本高遭受冲击相对较高，于是行业开始思考能否抛弃掉一部分使用频率较低的服务设施仅保留最核心的住宿相关功能设施即推出有限服务酒店降低成本，因此1997年2月锦江集团推出了国内第一家经济型酒店"锦江之星"，我国经济型酒店开始发展起来。

历经数十年发展，经济型酒店逐步发展成国内主流，国内龙头酒店集团均创始于该阶段。经济型酒店因其易于为大众接受的价格、整洁齐全的客房设施、相对高端酒店的投资建设，一经出现就受到顾客和酒店业主的喜爱，2000年我国经济型酒店仅有23家，客房数约为3 239间，到2014年底已有经济型酒店16 375家，客房数多达152.55万间，14年间酒店数和客房数CAGR分别为59.86%和55.21%，其中仅2005年单年我国经济型酒店数量和客房数同比翻番。

经济型酒店供给趋稳，国内酒店业需走向平衡，酒店经营表现与宏观经济呈现较为明显的相关性。在2009年以后随着我国酒店供给增速逐步放缓，酒店业供需关系逐步走向更为平衡健康的状态，从而我国酒店业与宏观经济走势的相关性更为明显。

借力经济型酒店发展之势，酒店集团通过收并购扩规模，带动我国酒店业连锁化率快速提升。经济型酒店易于标准化，在扩张的征途中也推动了中国酒店业连锁化进程，2004年中国酒店连锁化率仅为2.10%，截至2020年中国酒店连锁化率已攀升至31.50%。整体我国经济型酒店发展历程大致分为两个阶段：1）第一阶段，攻城略地：21世纪初，经济型酒店品牌相继成立。2002年，如家和莫泰168正式成立；2004年，格林酒店成立；2005年，华住（汉庭）和7天连锁创立；2）第二阶段，并购整合：各经济型酒店品牌飞速发展扩张，增加门店覆盖率以形成规模效应，随后品牌上市、并购等资本动作不断。2006年，如家在美国纳斯达克上市，2007年收购七斗星100%股权，2011年收购莫泰168全部股权。2009年7天连锁酒店在美国纽交所上市，2011年收购华天之星。2013 年 7 天连锁酒店完成私有化协议，从纽交所退市，由铂涛酒店集团接手。2010 年华住集团（汉庭）在美国纳斯达克上市，2012 年汉庭收编国内最大的中档酒店集团星程。锦江 2010 年收购 IHR50% 股权，2013 年收购时尚之旅全部股权，2015—2016 年陆续收购法国卢浮、铂涛、维也纳。2018 年，格林在美国纽交所上市。

我国酒店行业在同阶段的发展速度远高于美国，未来发展空间大。我国酒店行业经过四十年发展与美国酒店行业差距已经由一个世纪缩小到 20 年，发展的速度和质量均优于美国行业同一阶段的状况。2004 年我国住宿业客房收入营业额为 554.70 亿元，到 2019 年营业额已达到 2 345.63 亿元 / 同比增长 10.09%，15 年间 CAGR 达 10.09%。而中国目前的经济增长依旧乐观，中国居民未来的消费能力提升潜力较大，因此酒店行业未来增长空间依然广阔。2019 年中国 GDP 达到 98.65 万亿元人民币 / 同比增长 7.31%；居民可支配收入 3.07 万元 / 同比增长 8.9%。

（二）中外同类酒店对比

1. 国内外酒店的服务设施条件对比

国外酒店业协会及相关组织提供一套酒店设施评价标准，此外，各大国际酒店集团针对旗下酒店品牌，均有一套完善精细化的酒店服务设施标准，比如万豪酒店集团旗下高端品牌万豪、丽思卡尔顿各有一套差异化的标准。

国内酒店服务设施主要参考《中华人民共和国星级酒店评定标准》配置，部分参照国际联号酒店标准，酒店设施标准尚未形成体系，高端酒店服务设施同质化严重，城市豪华酒店与奢华酒店没有差异化标准。

2. 国内外酒店的经营模式对比

国外酒店以集团化竞争、网络化经营面向市场竞争，追求产品差异化，需找独特的消费方式推销自己。美国和欧洲酒店业集团化管理分别占 80% 和 50%。国外酒店集团加快推行"轻资产、重品牌"经营战略，2013 年底洲际自有物业占比不足 1%，万豪自有物业占比不足 2%，希尔顿集团也在跟进 (2014 年 10 月将旗标志性纽约华尔道夫酒店的建筑所有权转让给中国安邦保险集团)。酒店所有者与经营管理者权力分配明确，经营模式更专业化。

国内酒店目前集团化规模不足，经营以调整客源结构、产品升级、价格竞争等为主要方式，对产品与服务特性关注不够，中国酒店业的整体规模已经非常庞大，但从酒店数量看，中国酒店业集团化管理比例为9.7%，国内酒店绝大多数还处于单体经营的模式。在国内，采取轻、重资产分离战略的酒店集团处于起步阶段，自有物业占比较高。

3.国内外酒店的管理模式对比

国外酒店坚持"以人为本"的管理哲学，追求员工、顾客、业主三者利益的统一，一切资源配置以满足顾客的需求为最高宗旨，同时形成了一套科学合理的管理理论，在员工薪酬管理、职业前景、工作氛围及学习机会等人文关怀，使员工感受到尊重。国外酒店质量管理以标准化为基础，推出针对客户的个性化服务[1]。国内酒店目前缺乏明确的管理体系，强调企业经营的社会效应，其次才是经济效应。同时国内酒店"重经营、轻管理"，面临人才稀缺且流失严重的困局，员工整体水平偏低。国内酒店目前在标准化和个性化方面尚有不足。

4.国内外酒店的消费模式对比

国外高端酒店以商务型、度假型消费为主，以优质的服务使客户在特色餐饮、娱乐健身、文化体验、特色服务等方面进行深层次消费，培养客户忠诚度，形成再次消费。

5.小结

国内外同类酒店对比，酒店服务设施水准逐步接近，但国内酒店缺乏系统化标准使酒店在细分市场中体现差异化；国内外酒店经营模式差异化较大，国内酒店粗放式单打独斗经营与国际酒店主流精细 - 专业化、集团式经营有较大差距；国内外酒店管理模式的不同，有一部分文化背景因素，更多是发展时间长短差异造成的酒店文化积淀差异和专业水平差异；国内外酒店消费模式的不同是由消费环境差异和酒店管理水准差异形成的。

---

[1] 马毅鑫.从组织结构看国内外酒店管理[J].全国商情,2016(14):26—27.

四、我国酒店行业发展不足与前景[1]

（一）我国酒店行业发展不足

1.整体管理能力不足

我国的大部分酒店虽然在管理方面积累了一定的行业经验，但是在追求快速扩张的过程中忽略了企业管理能力的培养，管理体系建设方面还是存在一定的漏洞，成熟的酒店管理体制不够健全。尤其是一些小规模酒店企业偏重于对其他酒店企业管理经验的借鉴和模仿，在借鉴和模仿过程中不注重结合自身发展特点和具体需求，导致其发展受到阻碍。

2.专业人才缺乏

酒店业在我国的兴起和发展与西方发达国家比相对滞后，特别是对酒店管理专业人才的重视和引进、培养方面比较欠缺。首先，酒店管理教育相对落后，在教学资源、师资力量、教学理论等方面都与社会需求脱节，酒店管理行业中现有的工作人员整体素质不高；其次，企业为了降低经营成本，不注重人才的培养和积累，造成了行业专业型人才流失严重，人才体系不健全。

3.缺乏权威、统一和全面的法律法规、行业标准和规范

新中国酒店行业市场化相对起步较晚，虽然近几年市场发展迅速，但是酒店行业仍然缺乏统一且全面的法律法规、权威的相关行业标准和规范。近年来发生的诸多星级酒店企业服务质量纠纷曝光一定程度上损害了酒店业整体的形象和发展。现行监管体系只能从个别业务层面和环节进行分别管理，同时现有的行业标准和规范缺乏权威性约束力，导致行业内诸多"劣币"酒店企业缺乏有效监管。

4.缺乏对员工的培训

酒店是一个劳动密集型企业，人员复杂、文化程度不同。往往对员工的培训都转交各自的部门负责，缺乏针对性、计划性和考核，同时也忽视了其部门的执行力度和培训的效果。

酒店的绩效考核太依赖于员工的直属领导而缺乏对员工的直观评价，只

---

[1] 中商情报网.2021年中国酒店行业存在问题及发展前景预测分析[EB/OL].https://www.askci.com/news/chanye/20210119/0923181332762.shtml.

注重员工的平日工作表现而缺乏对其心理的探究。

5.酒店的晋升机制也存在很多管理问题

一方面酒店的中高管理层都来自于集团内部，资历深厚、根深蒂固。另一方面酒店对团队的要求很高，不凸显个人精神，很难显现自己的才华，员工的晋升也都是紧随直属领导的升迁，这是一个恶性循环，严重制约着酒店行业的发展。这同时也是酒店行业留不住人才的原因。

（二）我国酒店行业发展前景

1.我国居民可支配收入和消费支出稳步增长

2019年全国GDP总量达99.09万亿元，同比增长5.7%；2019年，全国居民人均可支配收入30 733元，比2018年增长8.9%，扣除价格因素，实际增长5.8%；2019年，全年全国居民人均消费支出21 559元，比2018年增长8.6%，扣除价格因素，实际增长5.5%。其中，人均服务性消费支出9 886元，比2018年增长12.6%，占居民人均消费支出的比重为45.9%。同时我国中产消费群体快速扩大，我国居民收入水平、消费能力，特别是中产消费群体规模的稳步增长，将为中高端酒店行业贡献稳固的增长基础。

2.国家政策大力支持住宿酒店业发展

近年来，国家先后出台了《关于加快住宿业发展的指导意见》《关于加快发展生活性服务业促进消费结构升级的指导意见》《关于促进全域旅游发展的指导意见》《关于完善促进消费体制机制进一步激发居民消费潜力的若干意见》等一系列直接或间接鼓励酒店行业发展的政策。国家出台的各项相关政策积极鼓励、支持和指导我国酒店行业转型升级、面向大众消费、提升服务、差异化和特色化竞争等，从中长期看，将极大地鼓励和支持我国中高端精选服务酒店快速发展。

3.旅游业发展增加动力

酒店住宿行业的主要客户来源于旅游住宿群体，酒店行业的经营状况与旅游业的发展具有密切关系。整个旅游市场呈现国内旅游继续保持高位增长、入境旅游继续回暖、出境旅游回归理性的良好局面。我国旅游业市场的良好发展态势将有利于我国酒店行业[1]，特别是符合主流消费发展趋势的中高端酒店行业的发展。

---

[1] 邵一桐.浅析旅游业新发展中酒店业的经营——以杭州第一世界大酒店为例[J].营销界,2019(48):175,205.

第三章
ESG 的发展历程与实践应用

一、发展历程

（一）ESG的相关概念

ESG 于 2006 年在联合国 PRI（Principles for Responsible Investment）报告中被首次提出，它是由环境（Environmental）、社会（Social）和治理（Governance）的缩写。这是一种关注企业环境、社会、治理绩效而非财务绩效的企业价值理念[1]。当前仅注重基础资讯的投资方法，已经不能给投资者带来长远的回报。投资者在进行投资时，应从环境、社会责任、治理三方面进行考量。这有助于减少投资风险并获取可持续的收益。

其中，E 关注的是企业对环境的影响，主要包括的议题有能源的循环利用和资源管理，产品的可持续性已经其对环境的影响，环境信息的披露，对有毒有害物质的处理等[2]。同时也主要强调企业在生产经营过程中对环境所采取的保护措施以及保护程度，例如企业是否制定相关政策减少自然资源的使用量，提高水资源、能源等自然资源的使用效率；企业是否使用可再生资源；企业是否报告或显示即将终止与环境标准不符合的合作伙伴的合作关系；企

---

[1] 刘璐，吁文涛.企业 ESG 评价和传统信用评级体系比较研究[J].新金融,2021(4):59—64.

[2] 易得融信.行业解读｜拥抱 ESG 新时代（一）：ESG 是什么[EB/OL].https://xw.qq.com/amphtml/20211217A01T5A00.

业是否为员工提供环境问题的相关培训等。

S 是社会责任，指的是企业与其利益相关者之间能否做到协调与平衡[1]，与之相关议题主要有员工的就业质量，健康和安全，与社区、政府的社会关系等。社会责任是指个人或团体以有利于社会的方式组织和管理活动的责任。ESG 领域中的社会责任侧重于企业社会责任，即企业的生产经营活动是基于社会的长远利益，而不是基于个人利益最大化的愿望。

G 是公司治理，相关的议题主要有企业的董事会结构、股权结构、管理层薪酬，公司的愿景与发展战略，信息透明度和披露的充分性。罗伯特（1996年）把公司管理看作是一种对企业行为进行引导和控制的过程。公司治理结构是指董事会的结构、成员、程序、董事会与高层管理、股东、监管机构及其他利益相关者的关系[2]。

Shleifer 和 Vishny（1997 年）提出，公司治理是一种对公司投资者的投资回报进行研究的一种机制，即通过股权与控制权的分离，从法律上保障投资者的权益不受管理者的侵害。同时，给予管理者一项长期的奖励合同，能够促使管理者为了投资人的利益，谨慎地管理公司，这样就能让投资人和管理者达成一致[3]。

环境、社会责任和公司治理这 3 个维度强调将企业发展过程中的环境、人与企业 3 个要素紧密结合，企业要实现长期的、可持续的发展，就要求 3 个要素相互联系、相互促进、相互渗透[4]。环境主要强调企业的环境绩效如何影响其未来的盈利能力，即企业是否积极使用可再生资源、资源的利用效率如何，这些是否足以使企业在绿色为主题的竞争中立于不败之地，为企业的生存和发展提供了赖以生存的物质基础；人则侧重于强调各方利益相关者在企业发展过程中不可替代的作用，主要体现在企业与员工之间的关系怎么样，对于普通员工而言，是否存在一整套完整的晋升机制以及企业是否有足够的

---

[1] 王凯,张志伟.国内外 ESG 评级现状、比较及展望 [J]. 财会月刊,2022(02):137—143.

[2] Larner R J. Ownership and control in the 200 largest nonfinancial corporations,1929 and 1963[J]. The American Economic Review,1966,56(4):777—787.

[3] Shleifer A, Vishny R W. A survey of corporate governance[J].The journal of finance, 1997,52(2):737—783.

[4] 马险峰,王骏娴.上市公司 ESG 信息披露制度思考 [J]. 中国金融,2021(20):69—70.

影响力吸引外部优秀人才等，为企业的发展奠定了必不可少的人力基础；而企业则强调公司治理的制度安排，即董事会的治理水平如何，董事会能在何种程度上保护股东利益、促进公司股票价值的增长，企业是否存在完善的激励约束机制等，是企业长期可持续发展的重要实现方式。综上所述，3个维度作为ESG的重要要素在企业的发展过程中是相辅相成，缺一不可的。

（二）ESG的理论基础

1.可持续发展理论

为响应全球可持续发展的号召，中国构建了可持续发展的3条安全保障线——生态安全保障线、发展安全保障线和生存安全保障线[1]。生态安全保障线为中国可持续发展提供生态服务、生态屏障和生态平衡奠定基础，这需要在保证经济效率的前提下，尽可能减少自然资源和环境的损益成分。这与生态可持续理念一致，对应ESG中的环境维度。发展安全保障线是保障中国人均财富到2050年不低于世界中等发达国家的水平，这主要需要企业——国家财富积累的主力军创造经济效益，为实施可持续发展提供了充分的动力，这与经济生态可持续理念一致，对应ESG中的治理维度。生存安全保障线是养活未来中国人口的空间设置，是维系整个国家和社会正常运行的基础，符合生态可持续发展、经济可持续发展和社会可持续发展的内涵，对应ESG中的社会维度。如图3-1所示，可持续发展追求生态、经济、社会3个层面的整体发展和协调发展，对应ESG的公司治理、社会、环境三维度的整合发展。

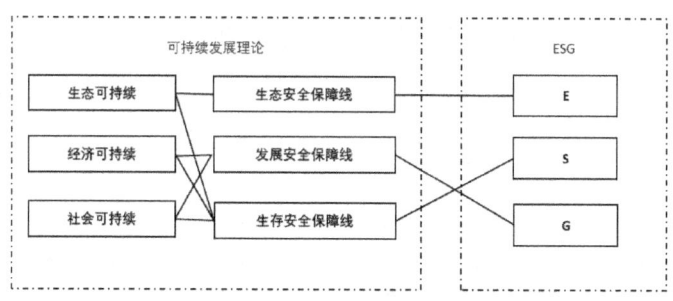

图3-1　ESG与可持续发展理论

---

[1] 牛文元.可持续发展理论的内涵认知——纪念联合国里约环发大会20周年[J].中国人口资源与环境,2012,22(5):9—14.

可持续发展理论为企业在追求环境友好及生态文明方面的重要理论基础。体现在 ESG 理念与可持续发展内涵基本保持一致，企业遵循可持续发展理论执行 ESG 信息披露，有利于企业在生产经营过程中做出正确的决策，优化资源配置，提高企业的公众形象，使企业处于竞争地位，从长远来看，这可以给企业带来额外的经济效益[1]。

这符合统筹兼顾环境与发展，生态、社会和经济协调的可持续发展要求，也是企业追求可持续发展的必然要求。

2. 利益相关者理论

利益相关者是那些能够影响企业目标实现，或者能够被企业实现目标的过程影响的任何个人和群体[2]。利益相关者理论认为，公司的目的是为所有的股东创造财富和价值，公司是一个与社会大体系共同运行的体系，这个体系为公司的行为提供了法律和市场的基础[3]。基于对利益相关者从广义上的认识，20 世纪 90 年代中期以后，利益相关者的"多维细分法"和"米切尔评分法"等定量化的评分界定，使利益相关者理论具有了很强的可操作性[4]。

利益相关者可以从多个角度进行细分，不同类型的利益相关者对于企业管理决策的影响以及被企业活动影响的程度是不一样的。采取科学的方法对企业的利益相关者进行界定是利益相关者理论研究的起点。按照相关群体与企业是否存在交易性合同关系，将利益相关者分为契约型利益相关者和公众型利益相关者[5]。根据相关者群体与企业联系的紧密性，可以将利益相关者分为首要的利益相关者和次要的利益相关者。根据相关群体是否具备社会性以及与企业的关系是否直接由真实的人来建立将利益相关者分为四类：主要的社会性利益相关者、次要的社会利益相关者、主要的非社会利益相关者和次要的非社会利益相关者。

---

[1] 黄世忠. 支撑 ESG 的三大理论支柱 [J]. 财会月刊, 2021(19):3—10.

[2] Freeman R E. Strategic management: A stakeholder approach[M].Cambridge university press, 2010.

[3] Clarkson M E. A stakeholder framework for analyzing and evaluating corporate social performance[J]. Academy of management review,1995,20(1): 92—117.

[4] 贾生华, 陈宏辉. 利益相关者的界定方法述评 [J]. 外国经济与管理, 2002(5):13—18.

[5] Charkham J. Corporate governance: lessons from abroad[J].European Business Journal,1992,4(2):8—16.

利益相关者理论为治理提供了新思路——利益相关者共同治理。各利益相关者作为一个利益共同体，凭借各自的不同优势参与企业经营过程，促进企业长期健康发展。不同类型的利益相关者对企业的影响力存在明显差异，某些利益相关者能够为企业提供专用性或关键性资源，或者愿意承担企业经营的重大风险，其行为直接影响企业能否持续发展，因此在治理结构中占据主导地位。这与ESG理念中公司治理维度相对应。另外，企业作为一个社会契约网，其经营离不开其他各方利益相关者的积极参与和投资，需要借助政府、社会团体、环境等多方力量。因此除了创造经济效益，企业还需要承担政治上的、社会上的，甚至环境上的责任，这恰好分别对应ESG理念中对社会和环境维度的阐释，如图3-2所示。

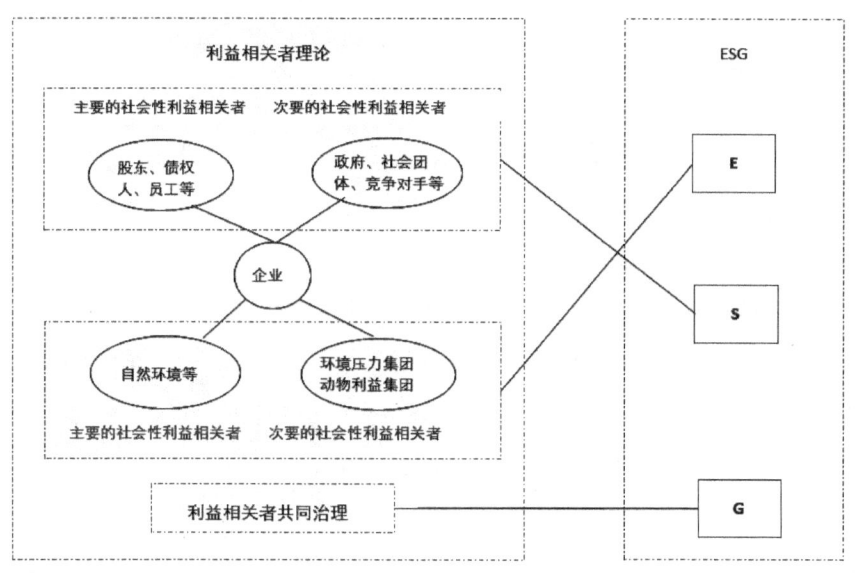

图3-2　ESG与利益相关者理论

利益相关者理论为企业在承担社会责任和实现利益相关者共同治理方面提供了重要理论基础。ESG理念与利益相关者理论的内涵基本保持一致，因此企业应遵循可持续发展理论执行ESG信息披露，兼顾各利益相关者的利益，调整治理模式，树立正确的社会责任观，明确社会责任范围，规范自身行为，将社会责任作为提高企业核心竞争力的重要内容。

3. 委托代理理论

委托代理理论是契约理论最重要的发展之一，始于对企业"黑箱"理论的探索之一（Wilson, 1969; Spence & Zeckhauser, 1971; Ross, 1973; Mirrless, 1974; Holmstrom, 1979; Grossman & Hart, 1983 等）。其核心在于解决在利益冲突、信息不对称的情形下，委托人如何激励代理人，也就是代理问题。

委托代理理论是在假定委托人与代理人利益冲突的前提下，以"经济人"为中心的新古典经济学的研究范式。在委托-代理的理论中，委托人与代理人均为"经济人"，其行为目的均以使自己的利益最大化为目的。委托人和代理人在各自的利益上存在着矛盾。因此，为了协调双方的利益冲突，必须在委托人和代理人之间建立一种机制（合同）。同时，委托-代理理论也假定了委托人和代理人的非对称性。由于受托人不能了解代理人的工作程度，因此，代理人可以通过其所掌握的信息优势，使自己的效用最大化，从而可能导致代理问题的出现[1]。

由于信息不对称和委托人代理人利益冲突的普遍性，委托代理问题屡见不鲜。企业中的委托代理关系主要表现在3个层面：一是股东大会与董事会之间，股东大会不直接参与决策，而是将决策权授权给董事会，即全体股东是委托人，董事会是代理人；二是董事会与高层管理者之间，董事会只负责制定一些重大决策，通过聘用高层管理者负责管理日常事务，即董事会是委托人，高层管理者是代理人；三是高层管理者与各部门经理之间，高层管理者任命各部门经理具体负责各部门的日常工作，并且赋予各部门经理一定的权利，高层管理者是委托人，各部门经理是代理人。以上主要对应ESG理念中的公司治理维度。

随着企业的委托人不断增多，Dixit（1997）指出"利益相关者经济的来临，企业的委托人就不仅有股东还有信贷人、地方社区等等"。因此，在相关者经济时代，委托代理问题不仅包括上述企业治理问题。企业当前绩效和长远绩效不一致、企业利益与生态环境的利益不一致以及企业利益与其他社会利益相关者的利益不一致时，都会导致委托代理问题[2]。如图3-3所示，这部分

---

[1] 李娜. 委托代理理论在公司治理问题中的应用与扩展[J]. 中国管理信息化,2019,22(15):83—84.
[2] 梁华杰. 上市公司委托代理问题与对策[J]. 现代商业,2018(19):112—117.

与 ESG 理念中的环境和社会维度的内涵相一致。

委托代理理论是 ESG 发展在治理方面的重要理论基础。ESG 信息披露要立足委托代理理论，采取防范措施规避因经营权和所有权分离产生的企业内部的委托代理问题，以及企业和生态环境、企业和其他社会利益相关者之间的委托代理问题等各种委托代理问题的风险。

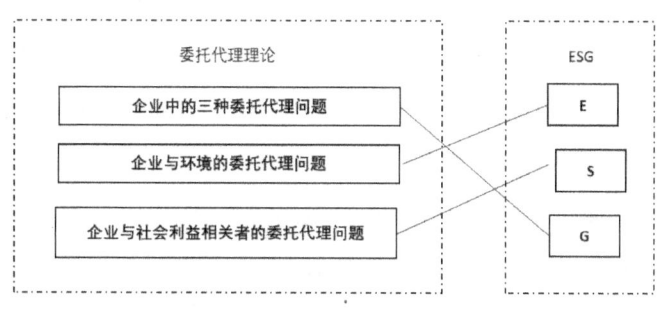

图3-3　ESG与委托代理理论

（三）ESG的发展历程

ESG 的发展历程大致可划分为酝酿 (1965—1990 年)、萌芽 (1990—2004 年)、确立发展 (2004 年至今) 3 个阶段[1]。

1.ESG发展史之酝酿期

ESG 理念的真正起源始于社会责任投资（SRI）。社会责任投资这一概念最早可以追溯到两千多年前，早期人们以宗教和道德标准规范投资行为。传统社会责任投资的核心概念与此相似，遵循"不伤害"原则，即规避有违个人、团体道德或价值观的投资。另外有学者提出社会责任投资这一概念不仅植根于信仰投资，也深受具有变革意义的 20 世纪六七十年代的历史事件和社会问题的影响，比如美国的民权运动、反战运动、种族平等和环境运动等。这些社会问题越来越多地受到当时投资者的关注，甚至成为投资者决策的考虑因素。信仰投资与关注社会发展的进步价值观的融合，共同创造了社会责任投资。

1965 年受瑞典禁酒运动影响，世界上第一只基于社会责任投资理念的基金 Akite Ansvar Aktiefond 于瑞典斯德哥尔摩成立。该基金的核心策略是将酒精和烟草类的企业从资产组合中剔除掉，这与社会责任投资的核心概念相吻

---

[1]　王大地，黄洁.ESG 理论与实践 [M]. 北京：经济管理出版社,2021:15—22.

合，即通过负面筛选，排除与个体或团体价值观有冲突的投资对象。这家基金时至今日仍在运行（见 http://www.aktieansvar.se/）。

20世纪60年代末，越南战争和由此发起的反战运动很大程度上推动了社会责任投资理念的发展和实践。利润导向型的传统投资者意识到，加注军火相关股票可以带来丰厚利润。而一些反战的投资者则开始出售或拒购军火相关公司的股票，从而通过投资行为表达自己的社会诉求和价值取向。这些反战投资者的行动一定程度上推动了社会责任投资理念的实践。值得一提的是，在这一时期，非财务信息（即以非财务资料形式出现，同时又与企业的生产经营活动有着直接或间接联系的各种信息资料）披露在欧洲和北美相继出现。非财务信息的披露一定程度上是在更大范围内对企业的生产经营活动的监督，对传统资本市场中"企业仅仅需要对股东负责"的固有观点提出了挑战。

在这一时期，人类活动带来的环境污染开始受到大众的关注。1962年瑞秋·卡尔森（Rachael Carlson）出版发表《寂静的春天》一书，用较文学化的方式阐述了滥用杀虫剂导致野生动物大量死亡的事实。该书唤起了广泛大众读者对于环境问题的关注，促使美国政府禁用敌敌畏杀虫剂，并促成了美国国家环境保护署（Environmental Protection Agency，简称EPA）的设立。1969年，美国加州圣芭芭拉市附近海域的一处钻井平台发生漏油事件。该事件是当时规模最大的漏油事件，受到广泛的媒体报道并引发了第一次地球日（Earth Day）活动。

1970—1990年是社会责任投资稳健发展的时期。这个时期见证了一系列重要环保法案的制定，社会责任投资基金的创立，和可持续发展理念的提出。

20世纪70年代初，一些共同基金（Mutual Fund）开始将公民权利、环境保护等问题纳入投资决策。不过，这个时期对社会责任投资的批评依然存在。芝加哥大学著名经济学家米尔顿·弗里德曼（Milton Friedman）对企业社会责任持强烈反对态度。1970年他在《纽约时报》发表了一篇题为《企业的社会责任就是增加利润》的文章，这成为那个时代关乎社会责任投资最著名的一句话。他的这一观点与诺贝尔奖得主经济学家哈里·马科维茨（Harry Markowitz）的资产选择理论（通过优化投资组合使投资收益最大化）观点不谋而合，更加坚定了投资者利益至上的投资理念。可见，此时社会责任投资远未成为主流投资理念。

1970年4月22日，第一个地球日（Earth Day）活动在美国举行，并逐步扩展至世界各地，成为一项世界性的环境保护运动。同年12月，美国国家环境保护署（EPA）成立，并颁布了《清洁空气法案》。此后，一系列有关生态环境保护的法案相继颁布，包括《清洁水法案》和《濒危物种法案》。

随着一系列关乎环境和社会议题的政策法规出台，以及民众对于相关议题关注上升，社会责任投资的实践也取得了标志性进展。1971年派克斯世界基金（Pax World Funds）在美国成立。该基金被广泛认为是世界第一家社会责任投资基金，直到今天仍在运行。基金由两位牧师路德·泰森（Luther Tyson）和杰克·科比特（Jack Corbett）共同成立。其投资原则包括：不得向资助越战的公司投资，且只投资符合伦理价值规范的企业，由此敦促企业自觉遵守社会和环境责任标准。

1972年，智库组织罗马俱乐部（Club of Rome）发布《增长的极限》报告。该报告通过仿真模型，研究人口增长和地球资源、自然环境间的互动关系。该报告的结论颇具争议，在全球引发了广泛热烈的讨论，促使民众思考人类和自然环境间的关系。

1972年，美国学者米尔顿·莫斯科维茨（Milton Moskowitz）创办《商业与社会》杂志。他认为企业应善待员工，保持信息公开，做一个优秀的企业公民，不注重维护社会形象的企业将难以实现长远发展。同时，他提倡投资者应关注企业在员工生活和社会活动中所扮演的角色。莫斯科维茨身体力行，在《商业与社会》杂志上发布了一份"负责任"股票的清单，为投资者的投资决策提供参考。莫斯科维茨的这一投资理念，为企业社会责任奠定了基础。同年，德国经济学家克劳斯·施瓦布（Klaus Schwab）出于对欧洲商界的关注创立了世界经济论坛（WEF），当时被称为欧洲管理论坛。论坛的初衷是向欧洲公司介绍美国的商业管理实践，促进欧美企业之间的交流与合作。1973年，论坛的年会开始将焦点从企业管理转移到经济和社会问题上。

1977年，美国牧师和民权运动领袖利昂·沙利文（Leon Sullivan）为企业制定了一套行为规范准则。这套准则被称为"沙利文原则"（Sullivan Principles），其主旨在促进企业公平对待员工。沙利文原则推出后受到广泛欢迎，此后还引发了抵制南非种族隔离制度的大规模撤资运动。1999年，联合国与利昂·沙利文共同发布了更新后的《全球沙利文原则》，并将其作为联合国全球契约的一部分。

1984年，美国可持续投资论坛（即The Forum for Sustainable and Responsible Investment，简称US SIF）成立，大大推动了可持续投资理念的发展。

1987年，联合国世界环境与发展委员会发布《布伦特兰报告》，首次提出了"可持续发展"理念，即人类发展须"既能满足我们现今的需求，又不损及后代子孙满足他们需求的能力"。"可持续发展"理念自提出以来，迅速成为人类发展的重要指导原则，贯穿于之后联合国发布的《地球宪章》《千年宣言》等纲领性指导文件中。同年，控制消耗臭氧层物质全球排放总量的《蒙特利尔议定书》通过，这是全球国家间第一个具有法律效力的环保条约。

1988年，为了回应人们对燃烧化石燃料和全球气温上升问题的日益关切，世界气象组织（WMO）和联合国环境规划署（UNEP）联合成立了政府间气候变化专门委员会（IPCC）。该委员会将在未来的全球气候政策制定过程中起重要作用。

1989年，埃克森·瓦德兹号（Exxon Valdez）油轮原油泄漏事件发生。对埃克森石油公司表现不满的环保人士和社会责任投资者，共同组成了环境责任经济联盟（Coalition for Environmentally Responsible Economics，简称CERES）。该联盟汇集了投资者、商业领袖和公共利益团体，力图加强企业与环保组织的合作，致力于推广同时关注企业财务绩效与社会责任绩效的投资理念。

在这个时期，社会责任投资主要采取排除法，即在投资组合中排除与社会、治理、环境方面通用价值规范相冲突的企业。这些企业通常属于酒业、烟草、武器、赌博、色情和军火等行业。这在一定程度上预示着社会责任投资日后将与ESG相结合。

2.ESG发展史之萌芽期

20世纪90年代，全球环境问题日益突出，引发各国对可持续发展的关注，社会、经济、人口、资源、环境的协调发展成为当时国际社会的核心议题。

1990年，世界上第一个责任投资指数——多米尼400社会指数（Domini 400 Social Index）发布。多米尼400社会指数以社会性与环境性议题为筛选准则，由标准普尔500成分股中400家社会责任评价良好的公司组成。多米尼指数现已更名为MSCI KLD 400社会指数，是首个追踪可持续投资的资本化加权指数，被用来衡量"同类中最好的"企业。该指数不仅为社会责任型投资者提供了一个企业比较基准，其优秀的表现还证明了社会责任投资与投资收益两者并不矛盾，对社会责任投资的发展给予了有力支持。

1992年，联合国在巴西里约热内卢召开环境与发展会议，这是一场讨论经济发展与环境保护交叉问题的全球峰会。会议提出人类"可持续发展"的新战略和新观念，讨论并通过《里约环境与发展宣言》（又称地球宪章，规定国际环境与发展的27项基本原则）、《21世纪议程》和《关于森林问题的原则声明》，签署了联合国《气候变化框架公约》和《生物多样性公约》。会议倡导人类应该变革现有的生活和消费模式，人与自然应当和谐统一，人类之间应当和平共处。

1994年，全球可持续投资基金数量达到26只，资产约为19亿美元。1997年，环境责任经济联盟（CERES）与联合国环境规划署（UNEP）共同成立了全球报告倡议组织（Global Reporting Initiative，简称GRI）。该组织致力于推动企业自愿进行信息披露，走可持续发展之路。同年，《联合国气候变化框架公约》第三次缔约方大会（COP3）制定了《京都议定书》。《京都议定书》的目标是"将大气中的温室气体含量稳定在一个适当的水平，以保证生态系统的平滑适应、食物的安全生产和经济的可持续发展"。中国于1998年5月29日签署《京都议定书》，成为第37个签约国。

1999年，时任联合国秘书长科菲·安南在达沃斯世界经济论坛年会中，首次提出了"全球契约"（Global Compact）的构想。该倡议是一项针对人权、劳工、环境和反腐败问题的联合倡议，所包含的10项原则源于联合国的核心公约和宣言。它呼吁企业将上述10项原则纳入企业战略和业务流程，建立诚信的企业文化，承担应尽的社会责任。次年，联合国全球契约组织正式成立。该组织为企业衡量气候变化、人权和腐败等问题的影响提供指导。目前，该组织已有来自超过160个国家的1万多家企业会员，并发布了4万多份关于企业实现全球契约10项原则的进展报告。

2000年，碳排放信息披露项目（Carbon Disclosure Project，简称CDP）正式成立。这是一家国际非营利机构，主要任务是协助企业和城市披露环境影响信息。CDP的数据库提供了全球大型企业温室气体排放管理活动的相关数据，包括企业的减排目标设定、减排激励机制和减排技术运用。数据库涵盖的企业都是各国最具代表性的企业。

3.ESG发展史之确立发展

2004年至今是ESG理念的确立与快速发展期。这一时期见证了ESG理念从正式亮相，到成为国际广泛认可的主流投资理念。在此期间，ESG生态系统不断完善，ESG相关工具日益丰富，ESG的内涵不断深化扩充。

2004年，联合国正式发布由时任联合国秘书长科菲·安南主导，多家金融机构联合撰写而成的报告《Who Cares Wins》。报告首次提出了ESG（环境、社会、治理）概念，探讨如何更好地将环境、社会及公司治理等相关问题纳入资产管理、证券经纪服务和相关研究。面对全球化趋势下日渐加剧的市场竞争，报告指出企业必须学习如何正确管理环境、社会和公司治理问题，这将更有利于提升企业价值和股东权益，同时还能够为社会的可持续发展做出贡献。报告同时也向企业以外的金融分析师、金融机构等其他行为主体提出切实可行的建议，要求他们在决策时将环境、社会和治理因素考虑在内，并将这些因素进行有效整合，制定长期且坚定的目标。由于致力于企业的长期发展，这份报告得到了世界各地公司的广泛认可。

2006年，《联合国负责任投资原则》（PRI）正式发布。PRI旨在鼓励将ESG因素纳入决策和实践的负责任投资，以创建一个兼具经济效率和可持续性的金融体系。当时，根据PRI将企业社会责任标准纳入公司财务评估的要求，由资产所有者、资产管理公司和服务提供商组成的63家投资公司签署了一份

6.5万亿美元的资产管理协议（AUM），承诺将企业社会责任问题纳入资产管理决策。截至2019年6月底，签署PRI的机构已有2450家，这些机构签订的资产管理协议资金规模已超过80万亿美元。主要机构投资者明确表示，他们希望自己持有的公司能够严格遵守企业社会责任标准。此外，根据一项涵盖私人和公共养老基金、捐赠基金、基金会以及官方机构等475家机构的全球调查，68%的受调查机构认为实施企业社会责任标准有助于提高投资回报，77%的机构表示，对ESG战略进行投资是因为它对上市公司的财务业绩有影响。由此可见，企业社会责任确实正受到越来越广泛的重视。

2009年，全球影响力投资网络成立。该组织诞生于美国洛克菲勒基金会会议上，此次会议正式提出了"影响力投资（Impact Investing）"这一概念。GIIN的宗旨是促进影响力投资者的沟通交流，创新投资模式，促使更多资金用于解决全球共同面临的难题，推动影响力投资的发展。

2011年，可持续发展会计准则委员会（SASB）开始制定企业的可持续性发展和企业财务信息的相关准则。SASB准则旨在建立行业特定的标准，使不同行业的企业可以采用其所在行业的统一标准对ESG问题进行报告，从而提升企业报告的质量。SASB致力于为每个行业提供更加具体的财务信息。

2016年，英国非营利机构"共享行动"（Share Action）发起"劳动力披露倡议（Workforce Disclosure Initiative，简称WDI）"。这项倡议旨在收集企业管理员工的相关数据，为投资者提供有意义的信息，其最终目标是改善企业员工的工作条件。截至2019年，已经有137个投资者签署WDI，有118家公司使用该框架。

为了满足ESG投资者群体日益增长的需求，许多机构纷纷创建了自己的ESG评价业务以评估企业的ESG表现。目前市场上的ESG评价机构多达上百家，其中在全球范围具有广泛影响力的有10家左右，包括MSCI、晨星（Morningstar）、道琼斯、富时罗素等。ESG评价机构和评价体系的蓬勃发展，有助于投资者采用更多样的方式、更灵活的渠道评估公司信息披露、公司治理和环境风险。例如，金融评级的市场领先者晨星公司表示："为环境、社会和治理方面的表现评分是我们工作的自然延伸。我们希望通过ESG方面的研究、数据和工具提升投资行业的透明度，强化问责制，同时帮助投资者以对他们有意义的方式投入资金。"

近年来，ESG投资的发展速度进一步加快。有报告显示，2014年至2016年间，在ESG参数上表现良好的公司也实现了良好的财务业绩。随着公众对气候危机和其他环境问题的关注度提升，企业是否有效践行社会责任对投资决策的影响程度愈加显著。根据全球可持续投资联盟（Global Sustainable Investment Alliance，简称GSIA）的数据，2014年至2016年间，企业社会责任承诺增加了41%，同时就业市场对企业社会责任分析师的需求激增。

2015年，《巴黎协定》在联合国气候变化大会（COP21）上通过，并于2016年11月4日正式生效。《巴黎协定》的正式生效，象征着世界各国领导人在应对气候变化和适应其影响方面已基本达成共识。

2016年，美国最大的公共养老基金加州公务员退休基金CalPERS通过了一项战略计划，宣布将ESG原则纳入其投资流程。

2018年，美国大型投资管理公司贝莱德（BlackRock）首席执行官拉里·芬克（Larry Fink）呼吁企业通过厘清自身在社会中的角色，定位能为企业带来长期盈利的业务，同时尽可能减少对环境和社会的负面影响。他提出这样做不仅有助于企业维护重要客户资源和品牌形象，还能够使企业更好地适应从传统经济向低碳经济、数字经济转化的过渡阶段。

2019年8月，极富影响力的美国商业圆桌会议组织（即Business Roundtable）发布公司使命宣言。宣言承诺：股东利益不再是企业最重要的目标，企业的使命是创造一个更美好的社会，并增进所有利益相关者（顾客、员工、供应商、社区和股东）的福祉。包括苹果、亚马逊、摩根大通在内的181家美国顶级公司的首席执行官都签署了这一份宣言。

2019年全年流入美国可持续发展基金的资金高达200亿美元，该数字是2018年的四倍多。美国近500家基金在其投资说明书中添加了ESG标准，正式向投资者传达了可能使用ESG来指导其投资决策的信息。

2020年在新冠病毒大流行引发的市场抛售局势下，全球可持续基金在第一季度仍然实现了456亿美元的净流入，而整个基金领域的资金流出为3 847

亿美元。

2020年9月,GRI、SASB、CDP、CDSB和IIRC等五个主导机构联合发布了构建统一ESG披露标准的计划。几乎同时,世界经济论坛(World Economic Forum,即WEF)和四大会计师事务所也推出了统一标准。

(四)我国ESG发展的政策环境[1]

在过去几年中,各级监管机构通过一系列支持和引导政策,对绿色金融、ESG在国内发展起到了积极的作用,促进了上市公司ESG信息披露,推动了国内各相关机构对ESG投资的研究和落地。

1.监管机构相应举措

我国监管机构对ESG关注度不断升温。2016年8月30日,中央全面深化改革指导小组第二十七次会议成功召开。会议审议通过了《关于构建绿色金融体系的指导意见》。2016年8月31日,在中国人民银行、七部委的领导下,我国在联合发布的《关于构建绿色金融体系的意见》中,成为世界上第一个提出绿色金融政策体系框架的国家。《落实〈关于构建绿色金融体系的指导意见〉的分工方案》(银办函〔2017〕294号),由中国人民银行牵头,在2017年7月5日发布,明确提出要逐步建立强制上市公司披露环境信息的制度。该方案分"三步走":一是在2017年末对上市公司年报的内容和格式规范进行修改,要求公司主动披露;二是2018年3月强制要求重点排污企业信息披露环境信息,未披露的需做出解释;第三步为2020年12月前强制要求所有上市公司进行环境信息披露。

根据"三步走"规划,我国将于2020年底开始实施上市公司环境信息强制披露制度,届时所有境内上市公司将被强制性披露环境信息。根据相关法律规定,上市公司、控股股东、实际控制人及其他高管等未依法履行信息披露义务的,将可能承担民事责任、行政责任,甚至刑事责任。

2017年12月,证监会正式颁布《公开发行证券的公司信息披露内容与格式准则第2号——年度报告的内容与格式(2017年修订)》(下称准则第2号)

---

[1] 中国债券研究院.ESG的发展现状和未来趋势[EB/OL].http://arrating.com.cn/newsshow.asp?id=2854&lm=19.

和《公开发行证券的公司信息披露内容与格式准则第 3 号——半年度报告的内容与格式（2017 年修订）》。其中，准则第 2 号第五节第四十四条对"重点排污单位相关上市公司"做出了明确规定：属于环境保护部申报的重点排污设施，要求企业及其子公司披露污染物排放、污染防治设施建设和运行情况，根据法律、法规和部门规章的规定，对环境保护区域内的建设设施和其他行政许可进行环境影响评价。环境自我监测计划及其他拟披露的环境信息可参照上述要求，如果不公开必须充分说明原因。

2018 年 9 月，证监会修订的《上市公司治理准则》中特别增加了环境保护与社会责任的内容，其中第九十五条明确：上市公司应当依照法律法规和有关部门的要求，披露环境信息以及履行扶贫等社会责任相关情况。该准则突出了上市公司在环境保护、社会责任方面的引导作用，确立了 ESG 信息披露基本框架。同年 11 月，基金业协会正式发布了《中国上市公司 ESG 评价体系研究报告》和《绿色投资指引（试行）》，提出了衡量上市公司 ESG 绩效的核心指标体系，致力于培养长期价值取向的投资行业规范，进一步推动了 ESG 在中国的发展。

2020 年初，中国银行保险监督管理委员会发布《关于促进银行业和保险业质量发展的指导意见》（银保监发〔2019〕第 52 号），提出"大力发展绿色金融。银行业金融机构应创造和改善环境，社会风险管理体系将环境、社会和治理要求贯穿贷款过程，加强环境、社会和治理信息披露和利益相关者参与"，从而提升绿色金融专业服务能力和风险防控能力。商业银行应积极履行社会责任，全面、主动应用 ESG 原则，指导各项资产业务发展，通过金融资源配置引导企业关注环保、社会责任履行和公司治理完善，以 ESG 构建金融市场核心竞争力。

2. 证券交易所的相应发展与推动

在实施与践行环境信息披露方面，不仅仅是监管机构对此产生影响，证券交易市场也发布了一些相关文件，对此也发挥了正向促进作用。例如，2018 年，上海证券交易所发布了《关于加强上市公司社会责任承担工作暨发布〈上海证券交易所上市公司环境信息披露指引〉的通知》；2020 年，深圳证券交易所逐步发布了《深圳证券交易所上市公司规范运作指引（2020年修订）》和《深圳证券交易所上市公司业务办理指南第2号——定期报告披露相关事宜》（2020年）。根据这些文件中的要求，上市公司须通过定期报告、临时公告的方式，披露产生重大环境污染问题的原因及由此产生的后果、对经营业绩的影响及应采用的改进方法等内容。除了披露这些内容，还应定期披露在可持续发展、环境保护等方面制定的具体战略。

除此以外，具有里程碑意义的举措还包括2020年9月深交所率先修订了《深圳证券交易所上市公司信息披露工作考核办法》，首提上市公司ESG主动披露，并对上市公司履行社会责任的披露情况进行考核。与此同时，根据证监会公布的《首发业务若干问题解答（2020修订）》，明确了发行人应依法在招股说明书中充分披露募投项目生产经营中涉及污染物、环保投入、环保措施、环保处罚等环境信息。如违反前述规定，即被认定为虚假陈述，应承担相应法律责任。

对于环境信息披露的进展，国内A股上市公司的进展相对较慢，而中国香港联交所已实施并持续改进强制性环境信息披露。2019年5月，中国香港联交所对外发布了相关检讨《环境、社会及管治报告指引》以及相关《上市规则》条文的咨询文件，咨询文件建议对《环境、社会及管治报告指引》进行五方面的修订。在这些修订建议中，较为关键的主要有增加强制性披露要求、将所有社会关键绩效指标从自愿披露转为不遵守就解释、要求ESG信息披露时间和公司财报披露时间同步以及披露与气候变化相关的信息。2019年12月，中国香港联交所发布了新版的《环境、社会及管治报告指引》《主板上市规则》和《GEM上市规则》。根据文件中的有关规定，在2020年7月1日或之后的财政年度新规定开始生效，上市公司在编制其ESG报告时须根据新的规定来开展。通过中国香港联交所的相关政策和规定可以看出，在ESG信息披露管理制度、规则制定、实施等方面都朝着与国际市场接轨的方发展，这一系列行为都将会影响国内A股ESG相关规则和要求的制定[1]，对其具有重要的参考价值和指导意义。

---

[1] 宋建波,唐宝,阮璐瑶.内部控制、外部环境监管压力与环境信息披露——基于沪深A股上市公司的经验证据[J].国际商务财会,2018(4):12—19.

（五）国际ESG的发展现状及操作实践

自高盛2006年首次提出ESG概念开始[1]，包括联合国在内的众多国际组织和投资机构不断深化ESG理念，逐步形成了包括全面、系统的信息披露标准和绩效评估方法的完整ESG理念体系。本书将介绍国际ESG的发展现状与操作实践。

1. 国际ESG发展现状

（1）历经漫长演变，现代ESG投资理念在全球的影响力逐步提升

ESG概念包含环境、社会、治理三个维度，如图3-4所示。ESG概念首次在2004年的联合国全球契约计划中被明确出，ESG标准针对企业的环境、社会责任、治理三方面表现进行评价。不同于传统的财务、业务绩效评价，ESG评级关注点在于企业的环境、社会、治理绩效，对企业在促进经济可持续发展、履行社会责任等方面所做出的贡献进行评估。受企业所在的各行业性质、地域差异影响，企业面临的ESG问题各有不同。

图3-4　ESG理念体系

1）自16世纪起，出现由价值观驱动的伦理投资形式，以排除与个人、团体价值观不一致的公司或行业为主要投资形式，如和平女神世界基金（Pax

---

[1] 财经网.国内ESG理念实践与推进的思考及建议[EB/OL].https://finance.sina.cn/2020—07—06/detail—iirczymm0821068.d.html?from=wap.

World Fund）反对核武器制造和军队的投资。

2) 至 20 世纪 60 年代，逐渐演变成为以结合社会责任、伦理、环境行为等价值观导向的投资策略，形成以价值驱动的早期社会责任投资。

3) 至 20 世纪 90 年代，进入了结合价值驱动、风险和收益为导向的现代社会责任投资阶段，1987 年联合国明确了"可持续发展"定义，社会责任投资以追求投资收益为目的，将环境、社会、公司治理纳入决策过程，采用负向筛查、可持续性发展主题、积极股东主义等投资策略。

4) 21 世纪进入 ESG 投资阶段，ESG 投资概念形成，公司治理被纳入评判标准。

2004 年，联合国环境规划署整合了市场上的常见议题，提出了 ESG 原则。

2006 年，由前联合国秘书长安南发起成立了"联合国责任投资原则（UN-PRI）"，提出 ESG 评价体系，帮助投资者理解环境、社会责任和公司治理对投资价值的影响，推动投资机构在决策中纳入 ESG 原则，推动 ESG 投资理念在全球快速发展，并在全球范围内践行至今。2019 年，全球已有超过 2300 家投资机构签注了 UN-PRI 合作伙伴关系，总资产规模近 80 万亿美元，参与者包括全球知名金融投资机构如贝莱德、英仕曼、欧洲安联保险公司等等。

伴随 ESG 理念的影响力持续扩大，越来越多的机构在投资体系中加入 ESG 因素，各国的监管机构及证券交易所也陆续制定相关政策，加强上市公司的 ESG 信息披露管理。同时，ESG 的评估标准和框架也在日趋完善，较为流行的评级有 MSCI、Thomson Reuters 等。

区分与 ESG 相关的投资理念：可持续投资、社会责任投资、影响力投资、绿色金融。除 ESG 外，市场中可持续投资、社会责任投资、影响力投资、绿色金融等相关概念种类繁多，理念之间界定存在一定模糊。从前述的历史发展进程来看，ESG 投资由社会责任投资发展而来，指在投资决策中除财务评价外，进一步考虑社会、环境、治理等指标的评价作为投资依据的投资行为。

"影响力投资"于 2007 年在由洛克菲勒基金会召集的会议上被正式提出，

旨在产生积极、可衡量的社会与环境影响并带来财务回报的投资[1]，核心区别在于积极创造投资的附加值，强调"主观意图"和"影响衡量"，以主动解决社会及环境问题及投资标的产生的社会环境影响作为价值衡量，主要投资领域包括能源、农业、医疗等。

"可持续发展"于1987年由联合国正式提出，指既能满足现今的需求，又不损害子孙后代需求的发展模式，提出17项发展目标，并进一步在金融实践中发展出"可持续投资"概念。可持续投资的狭义理解即为采取ESG策略的投资，广义概念则包含所有的对社会及环境产生正面影响的投资行为，包含ESG、社会责任、影响力投资等概念[2]。

此外，"绿色金融"不同于前述概念，指代构建绿色发展服务的金融体系，最早发源于20世纪70年代。2016年在杭州领导人峰会上"绿色金融"概念被写入成果文件，我国作为绿色金融概念的积极力量，构建了丰富的绿色金融产品体系，包括绿色债券、绿色基金、绿色信贷、碳金融等[3]，我国的绿色金融投资体系对投资标的提出绿色要求。

（2）ESG投资体系日趋完善

伴随ESG投资理念影响力提升，相关的投资体系也日趋完善。ESG投资的主要参与者包含推进投资理念的国际组织如UN-PRI等、践行ESG投资理念的金融投资机构、遵循ESG原则开展业务的企业（投资标的）、承载ESG投资策略的产品、规范ESG发展制度及制定监管政策的监管机构及参与评级和研究的第三方机构等，如图3-5所示。

---

[1] 唐娟,程万鹏,刘晓明.影响力投资及其对我国政府投资的借鉴意义[J].商业经济研究,2016(8):172—175.

[2] 王涵,卓泓,陈嘉媛.可持续投资：历史、现状与展望[J].国际金融,2021(7):17—25.

[3] 何茜.绿色金融的起源、发展和全球实践[J].西南大学学报(社会科学版),2021,47(1):83—94+226.

图3-5 ESG完整投资体系

国际组织
- 功能：倡导和推广ESG理念、推动ESG投资发展
- 代表组织：UN-PRI、GRI、SSE……

ESG投资机构
- 功能：推广和践行ESG投资、发展可持续投资
- 代表组织：BlackRock高盛，英国政府养老金

企业
- 功能：遵循ESG原则开展业务，披露ESG信息，推动可持续发展
- 代表组织：上市及非上市公司

ESG产品
- 功能：ESG投资策略载体
- 代表产品：ESG整合，股东行动，负面筛选，主题投资，影响力投资

监管
- 功能：规范ESG信批制度、监管、促进企业践行ESG经营
- 代表组织：伦敦证交所，香港交易所，美国证监会

第三方评级/研究机构
- 功能：研究制定ESG具体标准体系，推动ESG概念体系化发展
- 代表组织：MSCI、FTSE Russell

（3）ESG整合策略渐成主流，负面剔除行业集中在武器、煤炭、烟草

ESG整合策略发展势头迅猛，全球各地ESG策略发展各有不同。据GSIA（全球可持续投资联盟），目前全球范围内主流的ESG投资策略可分为：负面剔除、正面筛选、原则筛选、ESG整合、主题投资、影响力投资、股东行为七类。其中，ESG整合已超越负面剔除，成为发展最快和最受欢迎的ESG投资策略，2020年规模达到25.2万亿美元，2012—2020年累计增长308%，负面剔除和股东行为投资策略紧随其后，规模分别为15.0和10.5万亿美元，累计增长分别为82%和124%（注：单一产品可采用多ESG投资策略）。从区域分布来看，2018年82%的ESG整合策略产品集中在美国和欧洲地区，此外，美国市场的主题投资、影响力投资、正面筛选、负面剔除等产品均较为集中，欧洲主要产品包括原则筛选、股东行为、负面剔除，日本、加拿大、大洋洲的ESG投资仍在发展初期，提升空间巨大，如图3-6所示。

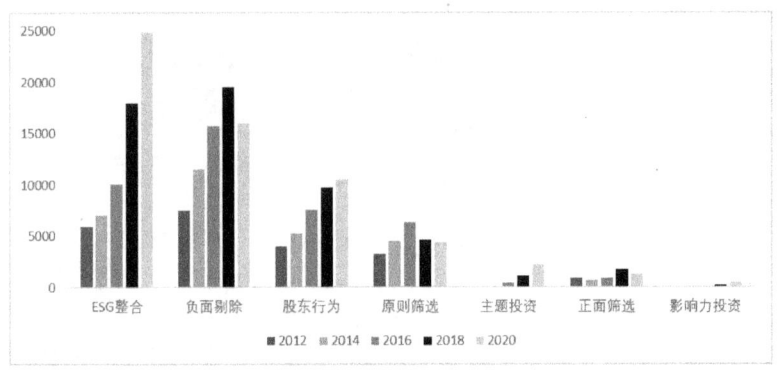

图3-6　ESG整合策略投资规模快速增长

ESG整合策略最受投资者青睐,武器、煤炭等行业最为背离ESG投资理念。据摩根大通的投资者调查,2021年84%的被调查投资者在投资决策中考虑了ESG因子,但其中仅一半的投资者建立了系统性的投资框架,另一半将ESG投资因子纳入考虑的投资者仍在寻求更加综合和系统的投资方法。在ESG投资策略中,90%以上的投资者偏好ESG整合策略,其次为股东行为和负面剔除。在剔除策略下,武器、煤炭、烟草等行业被50%以上的投资者排除,如图3-7所示。

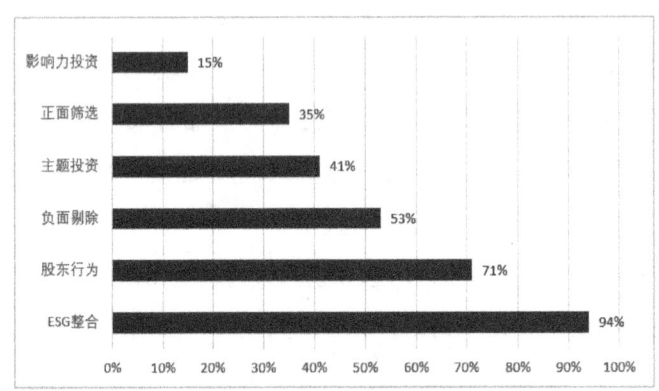

图3-7　2021年ESG整合是最受投资者欢迎的策略

(4) 全球ESG投资规模持续快速增长,美国ESG投资发展全球领先

全球ESG投资规模持续快速增长,2012—2020年CAGR达13%。据GSIA,至2021年6月30日全球五大市场(美国、欧洲、加拿大、大洋洲和

日本）的 ESG 基金规模达 2.6 万亿美元，2020 年合计可持续投资（广义 ESG 投资）的规模已达 35 万亿美元，可持续投资规模约占总在管资产（98.4 万亿美元）的 36%，ESG 投资占总资管规模的比例由 2012 年的 21% 持续稳步提升。2012—2020 年，五大市场的总资产管理规模 CAGR 为 6.01%，可持续投资管理规模 CAGR 达 13.02%，增速显著高于整体资管规模，如图 3-8 所示。

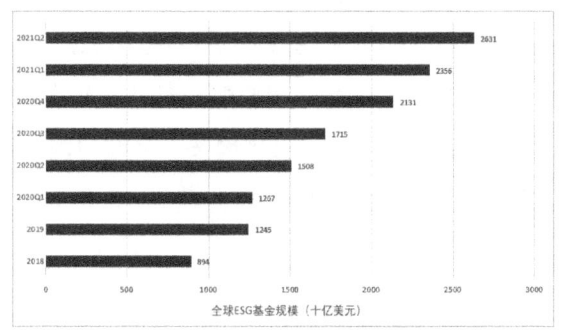

图3-8　2021年Q2全球ESG基金规模超2.6万亿元

美国已超过欧洲，成为全球五大市场中 ESG 投资规模最大的地区。2020 年美国合计 ESG 投资规模达 17.1 万亿美元，2016—2020 年 CAGR 达 18.29%，规模占比高达 48%。欧洲的 ESG 投资规模增速回落，2020 年为 12.0 万亿美元，2016—2020 年 CAGR 为 -0.05%，2020 年在五大市场规模占比为 34%。此外，日本的 ESG 投资呈现较快增长，2016—2020 年规模 CAGR 达 57%，2020 年日本市场的投资规模达到 2.9 万亿美元，占五大市场 ESG 投资规模的 8%，如图 3-9 所示。

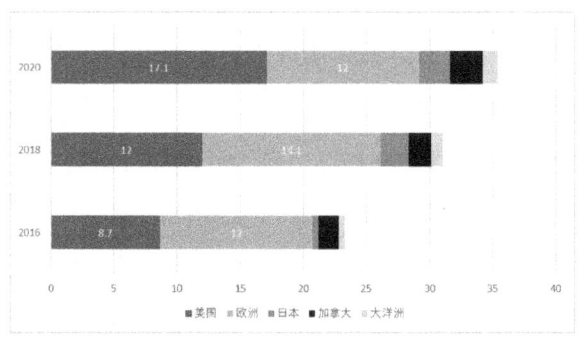

图3-9　2016—2020年全球主要市场ESG投资规模

ESG 的投资以机构主导，产品配置主要为股票和债券。ESG 产品的持有人主要为机构投资者，但随着 ESG 理念的持续深入，2020 年个人投资者的占比较 2012 年有所提升。ESG 产品的资产配置结构仍以股票和债权为主，资产配置的多样性有所提升。

联合国 PRI 签署机构管理规模逾 121 万亿美元，我国已有 138 家企业加入 PRI。截至 2021 年 10 月 17 日，PRI 的签署数量已达 4 417 家，其中资产管理者 3283 家（占比 74%），资产所有者 655 家（15%），服务提供商 478 家（占比 11%）。PRI 签署机构的总管理规模已超过 121 万亿美元，如图 3-10 所示。我国加入 PRI 的机构数量也在稳步增长，目前中国大陆和中国香港分别有 68、70 家企业加入了联合国 PRI。

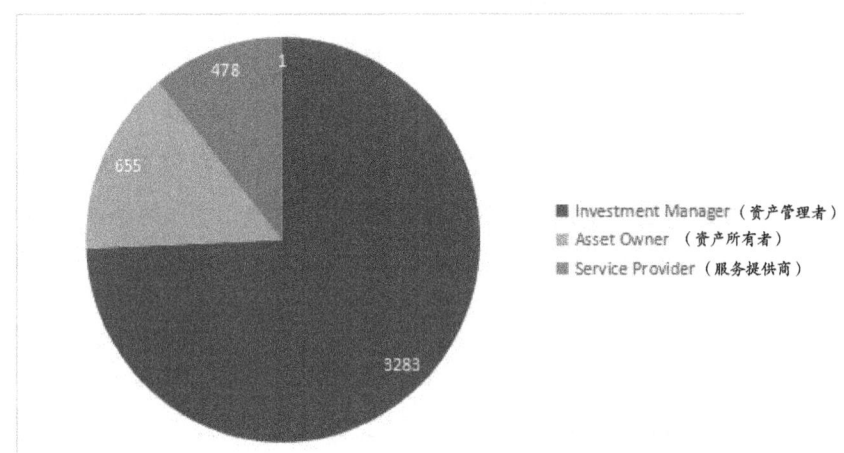

图 3-10　PRI 签署机构达 4 417 家，总管理规模逾 121 万亿美元

（5）国际主流 ESG 评级体系：结构完整覆盖广泛

国际市场目前已有较为完善和认可度较高的 ESG 评级体系，对 ESG 评价体系的投资应用也较为成熟，对我国的评级体系发展以及上市公司 ESG 实践具有一定的参考意义。目前在国际上较为成熟和有影响力的 ESG 评价体系主要包括 MSCI、Thomson Reuters、FTSE Russell、道琼斯、CDP 等[1]。主流评价体系均从环境、社会、治理 3 个维度进行评价，在二级指标上较为通用，三级指标的制定更具特色，各体系之间存在较大差异，如图 3-11 所示。各评

---

[1] 刘璐，吁文涛. 企业 ESG 评价和传统信用评级体系比较研究 [J]. 新金融, 2021(4):59—64.

级机构结合自身评级体系的基本框架，对 ESG 披露机制进行细节设计等，最终形成各有特色的 ESG 评价。国际 ESG 评级机构的样本覆盖数量均多达数千家企业，在大数据支持下，主流机构的评级结果具有较高认可度。

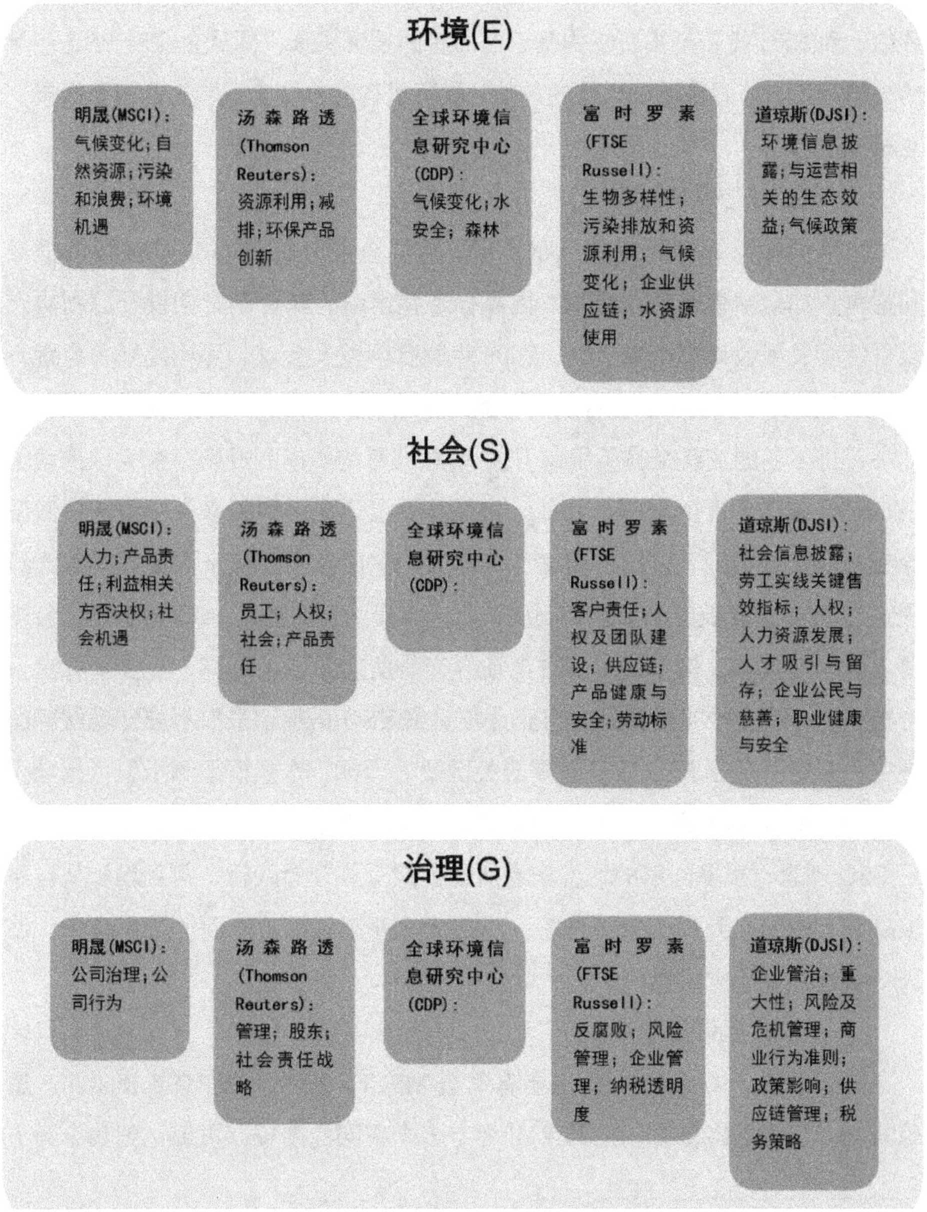

环境(E)

- **明晟(MSCI)**：气候变化；自然资源；污染和浪费；环境机遇
- **汤森路透(Thomson Reuters)**：资源利用；减排；环保产品创新
- **全球环境信息研究中心(CDP)**：气候变化；水安全；森林
- **富时罗素(FTSE Russell)**：生物多样性；污染排放和资源利用；气候变化；企业供应链；水资源使用
- **道琼斯(DJSI)**：环境信息披露；与运营相关的生态效益；气候政策

社会(S)

- **明晟(MSCI)**：人力；产品责任；利益相关方否决权；社会机遇
- **汤森路透(Thomson Reuters)**：员工；人权；社会；产品责任
- **全球环境信息研究中心(CDP)**：
- **富时罗素(FTSE Russell)**：客户责任；人权及团队建设；供应链；产品健康与安全；劳动标准
- **道琼斯(DJSI)**：社会信息披露；劳工实线关键售效指标；人权；人力资源发展；人才吸引与留存；企业公民与慈善；职业健康与安全

治理(G)

- **明晟(MSCI)**：公司治理；公司行为
- **汤森路透(Thomson Reuters)**：管理；股东；社会责任战略
- **全球环境信息研究中心(CDP)**：
- **富时罗素(FTSE Russell)**：反腐败；风险管理；企业管理；纳税透明度
- **道琼斯(DJSI)**：企业管治；重大性；风险及危机管理；商业行为准则；政策影响；供应链管理；税务策略

图3-11　国际主流评级体系的基本框架

2.国际ESG操作实践

国际上ESG理念的具体操作和实践主要包括：国际组织和交易所制定企业ESG信息披露标准、ESG评级机构制定评价指标体系、投资机构制定ESG投资指引[1]，其中，企业ESG信息披露是前提条件，ESG评级机构据此进行评估，而ESG投资是投资机构基于前两者的投资实践，即从企业对ESG信息的披露开始，继而是评级机构的评估、投资机构的投资实践，三者相互衔接，互相促进。

（1）ESG信息披露标准

一些国际组织都制定并发布了用以指导企业开展ESG信息披露的框架和指引，如全球报告倡议组织、国际标准化组织、联合国责任投资原则协定及可持续发展会计准则委员会。2009年联合国贸发会议、环境规划署金融行动、责任投资倡议组织和全球契约等组织联合发起了可持续证券交易所倡议，此举促进了各国主要交易所编制ESG信息披露的要求和准则，极大地推动了ESG信息披露程度的提高。目前，全球多个发达地区和新兴市场经济体的证券交易所，如美国、德国、印度、加拿大、中国香港、马来西亚等，都已经规定了ESG信息披露的要求和制度，其中大多为自愿披露ESG信息，部分则要求强制性披露。例如，中国香港证券交易所发布了《环境、社会及管治报告指引》，该文件明确提出上市企业须披露ESG信息，采取不遵守就解释的规定，制定了企业ESG信息披露的关键绩效指标，这些框架和指引可指导企业进行ESG信息披露，对企业EGS体系的构建具有导向作用。总而言之，对于ESG理念，很多国家的证券交易所都已接受并开始践行，并且逐步从自愿披露到半强制再到强制披露过渡，不断优化并制订丰富全面的量化指标，使ESG披露更加有规可循。

（2）ESG国际评级

国际主流ESG评级机构主要有明晟MSCI、富时罗素FTSE Russell、道琼斯等，这些机构将E、S、G划分为十多个不同的领域，再细化到数十到上

---

[1] 陈宁,孙飞.国内外ESG体系发展比较和我国构建ESG体系的建议[J].发展研究,2019(3):59—64.

百个指标，通过调整不同行业不同指标权重来加权平均，评估得出某公司的 ESG 分值。以明晟 MSCI-ESG 评级为例，其围绕公司核心业务以及可能引起重大风险和机遇的行业问题，对所有纳入其系列指数的上市公司进行 ESG 评级。具体评估是将 E、S、G 分为气候变化、自然资源消耗、污染及废弃物排放、环境机遇、人力资本、产品责任、利益相关者诉求、社会机遇、公司治理和企业行为等 10 个主题和 37 个指标，借助于全球范围内专业数据库、公开披露信息和媒体信息检索，将超过 7 000 家企业的 ESG 表现划分为 AAA-AA-A-BBB-BB-B-CCC 7 个级别。具体评级指标内容如表 3-1 所示。

表3-1 明晟MSCI-ESG评级指标体系

领域	主题	指标
环境	气候变化	碳排放、产品碳足迹、环境影响融资、气候变化脆弱性
	自然资源	水资源使用、生物多样性及土地使用、原材料采购
	污染及废弃物	有害废弃物排放、包装材料废弃物、电子废弃物
	环境相关机遇	清洁生产技术、绿色建筑、可再生能源
社会	人力资本	人力资源管理、人员培训、健康与安全、供应链劳动力
	产品责任	产品质量安全、化学品安全、金融产品安全、消费者信息安全、责任投资、健康和人口风险
	利益相关方争议	争议采购
	社会责任相关机遇	沟通、融资、医疗保健、营养健康
公司治理	公司治理	董事会多元化、管理层薪酬、所有权和控制权、会计准则
	企业行为	商业道德、反竞争做法、税收透明度、腐败和不稳定性、金融系统不稳定性

实际上，国际 ESG 评级机构的一些评估体系在一定程度上是有某些方面相似的，例如，内容都涉及环境的可持续性、合规性、利益相关方等方面，分为定性指标和定量指标的指标体系，并为了实现不同行业对比而将指数标准化；信息从企业的社会责任报告、可持续发展报告等自愿公开的报告，以及相关机构对企业的调研数据和监督管理信息等多个方式获取。诸如明晟 MSCI 等一些著名 ESG 评级机构通过其 ESG 指数产品，增强了 ESG 信息披

露的影响力,对于披露标准的一致性做出了较大贡献。虽然国际 ESG 评级机构对 ESG 信息披露的影响力逐渐增强,但目前 ESG 评估体系仍不完善,实现透明的、标准化的、可信度高的信息披露依然有待进步,这些不足使 ESG 评级的权威性和公信力受到很大程度的影响。

(3)国际 ESG 投资

许多国际著名指数公司,如明晟 MSCI、富时罗素指数等,制订了多种 ESG 指数为包括 A 股在内的全球主要资本市场所用,由此可见,从国际资产管理行业来看,ESG 已经成为一种被广泛接受的投资理念和评价标准。2018 年在欧美资本市场中,有超过 30% 的资产管理产品都被界定为 ESG 投资的资产管理产品,在国际市场中,盯住相关 ESG 指数的 ESG 指数 ETF 产品、根据相关 ESG 指标评价体系进行主动筛选标的资产的主动管理型 ESG 产品等都属于 ESG 投资产品。摩根斯坦利的报告表明,根据 ESG 指数表现,与同期 MSCI 新兴市场指数相比,MSCI 新兴市场 ESG 指数表现是较优的,ESG 因素是表现良好及其超额收益的主要原因。在 ESG 所代表的环境、社会、治理三方面内容中,在投资策略中显著性相对较大的是治理因素,其次是环境因素,显著性相对较小的是社会因素。总之,在投资策略等方面,ESG 理念发挥了关键且特殊的指导作用。

(六)我国ESG发展现状及挑战[1]

为实现碳中和目标,国家未来逐步配套的各种政策,或将对中国资本市场和投融资行业产生重大影响,而企业级 ESG(环境、社会和企业治理)的战略和实施也愈发被重视。推动 ESG 投资除了能倒逼有融资需求的企业注重长期社会价值的实现,也有利于资管公司自身的投资回报。

从 ESG 角度看,碳中和目标对高耗能、高排放的行业和企业,如煤炭、石油、钢铁、建筑、传统装备制造等,带来的挑战尤其大。投资机构须主动识别和控制风险,重视对项目的环境风险暴露、负面环境影响、正面绿色绩效、环境信息披露水平的评价,使被投企业加强在发展过程中对环境保护、技术

---

[1] 新浪网.ESG发展现状及挑战[EB/OL].https://k.sina.cn/article_7023018212_1a29ac0e4001016t41.html?wm=13500_0055&vt=4.

创新等方面的重视，帮助企业规避政策和行业风险，不断提升绿色研发和创新能力，创造良好的环境和社会效益。

目前全球范围内，ESG的投资保持高速增长，投资规模已占全球总资产管理规模的三分之一。ESG投资的发展离不开监管方、资金方（Asset Owner）和资本市场的多方共同驱动，以及技术、社会影响等手段的助力。未来ESG的投资将进一步向ESG整合和目的性影响转变。

首先本节将介绍一下中国ESG发展现状。

ESG投资理念在中国起步相对较晚。中国A股市场首支ESG指数（国证治理指数）发布于2005年，2008年中国发行了第一支真正意义上的社会责任型公募基金——兴全社会责任基金。

据悉，ESG主要作为一种投资策略流行于投资界，盛行于欧洲、北美等地区。根据全球可持续投资联盟（Global Sustainable Investment Alliance，GSIA）数据显示，全球ESG投资规模在2018年底就已超过30万亿美元，其中近80%来自欧美市场。近几年，ESG在中国内地市场才受到比较广泛的关注。随着中国金融市场的发展，以及资管行业国际化程度不断提升，ESG这种成熟市场上日益引起重视的投资策略必然会得到各资产管理人的关注。中国正在持续推进金融开放，更多外国资产投资中国有了更通畅的渠道。考虑到国外投资者对符合ESG原则的金融产品偏好较强，这部分外国资产的需求也将推动中国国内资产管理行业投资理念的变革[1]。2018年6月起，A股正式纳入MSCI新兴市场指数和MSCI全球指数。MSCI对所有纳入的中国上市公司进行ESG研究和评级，不符合标准的公司将会被剔除。此举无疑推动了国内各大机构与上市公司对ESG的研究探索，相关政策与监管文件陆续推出。

从2021年开始，中国经济进入新高质量发展的阶段，ESG的发展也迎来新的机遇和挑战。为达成"双碳目标"，中国多个政府部门出台了一系列的相关政策和举措。同时，2021年中国各相关部门和监管机构相继发布了多个促进ESG信息披露的政策，如中国人民银行在8月份发布《金融机构环境信

---

[1] 财新网.巴曙松 | ESG发展和趋势：全球与中国 [EB/OL].https://bashusong.blog.caixin.com/archives/235058.

息披露指南》金融行业标准；证监会在6月份印发的《年度报告的内容与格式》《半年度报告的内容与格式》中，新增"第五节 环境和社会责任"，鼓励上市公司披露碳减排的措施与效果；生态环境部在5月印发了《环境信息依法披露制度改革方案》等。

1. 第三方机构促进ESG的发展

近年来，各大金融机构、学术机构、第三方评级机构等都结合自身专业优势对ESG进行深入研究，开发了多项ESG数据产品。公众环境研究中心（IPE）作为环境大数据机构，也为诸多合作方提供ESG数据及方法论支持。

目前国内的ESG研究机构已经产出了相对成熟的评级产品，一些评级产品已在数据平台万得金融终端上进行商业化运作，投资者可以更加便捷直观地获取和使用多家机构的ESG评分数据，这些评级结果可以帮助投资者识别和评估中国上市公司所面临的ESG风险与机遇[1]。

除此之外，一些机构也打造了ESG大数据平台。微众银行与IPE共同搭建了AI智能ESG产品"揽月"大数据平台，平台通过"AI+环境数据+以卫星数据为代表的另类数据"，不仅能收集企业的自我监测数据，还能收集企业排放许可和实施数据，并结合企业生产活动的影响范围，综合分析企业生产活动对环境产生的影响和后果。平台可以基于海量数据对空气污染、土地利用、企业排放等"水、陆、空"重要环保场景进行监测，通过"天上+地下"的环境监测数据，构建全面的ESG评估体系。与此同时，还实时监控了上市公司在治理和社会影响等方面的风险，并将其数据化，有助于投资者预测并识别环保处罚、负面舆论或商业欺诈等一系列可能出现的风险。

2019年，中国基金业协会在责任投资专题调研报告中表示，对82家基金公司调研的数据显示，2019年国内有12%的公募基金建立了自有的ESG评价体系。

2018年，中证指数有限公司正式发布了"中证180 ESG指数"，这是国内首支ESG指数，该指数是基于一些表现良好的沪市上市公司作为样本得出的，样本即从沪市上市公司中选取在环境、社会责任、公司治理等各个方面

---

[1] 王珊珊，张晗. 我国ESG评价实践发展研究[J]. 当代经理人，2020(4):6—10.

均有较好现象的公司,从这些样本的表现中分析此类公司的整体表现。2019年,社投盟与博时基金共同研发并发布了"博时中证可持续发展100ETF",这是国内首个可持续发展主题 ETF 产品,是可持续发展金融的国内首创,填补了国内市场上与可持续发展价值相关的被动投资产品的空缺,同年,易方达基金作为国内规模最大的公募基金,发布了第一支 ESG 基金"易方达 ESG 责任投资股票"。2019年底,嘉实基金联合中证指数公司编制并发布了"中证嘉实沪深 300 ESG 领先指数"。另外,嘉实基金还依次发行了嘉实环保低碳基金、绿色资产证券化产品,并联合中证指数公司发布了"中证环保专利50指数",这是国内首个以环保专利技术作为样本股选取主要指标的指数。近年来,ESG 投资产品的蓬勃发展与稳步前进迫使上市公司从市场投资的角度改善其环境、社会与公司治理方面的各个关键要素,并且客观的验证了各个相关机构基于市场的 ESG 模型,大力推动了 ESG 评级、相关指数产品以及 ESG 基金朝着规范化和标准化的方向发展。

2.上市公司逐步跟进回应ESG相关要求

从环境和社会治理的角度来看,近年 ESG 理念的推广和相关指数产品的应用的确促进了生产型企业特别是上市公司关注自身及关联企业的环境表现和社会责任。2019年、2020年上市公司在年报、可持续发展报告、ESG 报告、CSR 报告中对环境信息披露的完整性、准确性较之前年度持续提升。

根据我国建立强制性上市公司披露环境信息制度的三步走方案,2020年是其收官之年,注重企业表现的 IPE 和绿色江南根据蔚蓝地图大数据平台中具备一定权威性的企业环境数据,对沪深上市公司的多种报告进行分析,如 2019 年年度报告、2020 年半年报、可持续发展报告、企业社会责任报告等,通过这些报告的比较分析,发现在钢铁、环保、化工等行业的上市公司中,有些企业存在环境违规或在线超标的现象,并且在这些企业中有一半多的企业没有在定期报告中按照事实披露不合规行为。但值得欣慰的是,在监管部门和上市公司了解分析结果后,多家上市公司对此积极回应,并发布公告对一些环境不合规问题进行了补充说明。

在强制性环境信息披露制度的背景下,上市公司的环境合规工作将面对双重法律监管，即不仅要面对证券监管方面的法律监管，还要面对生态环境方面的法律监管。如果上市公司的与环境相关的问题存在不合规现象，无论是由于没有依法披露相关环境信息而导致的信息披露存在不合规，还是如实披露了不合规的环境问题，都有可能会承担民事、行政甚至刑事法律责任，这些责任或不合规现象可能会对上市公司 ESG 评级产生严重的负面影响。上市公司处于 ESG 快速发展的环境下，其公司战略需要根据责任投资要求来逐步规划和调整。与社会责任报告相比，上市公司的 ESG 报告所包含的内容应更加客观、可比和可验证。

3.ESG基金在中国蓬勃发展[1]

国内多家大型资产管理公司已经沿袭国际责任投资原则，尝试开展 ESG 投资。近几年，随着"绿色金融"的兴起和"ESG"投资理念的迅速普及，中国的私募基金公司纷纷采用 ESG 的投资战略。自从华夏基金在 2017 年成为世界上首个加入了《联合国负责任投资准则》的国家，到现在，中国已经有几个基金公司签约了该指数。中国 ESG 主题基金也已经形成了一定的规模。各大基金公司纷纷推出了 ESG 基金产品。

尽管中国的 ESG 基金发展迅速，但是中国的 ESG 基金与欧美相比，无论是在规模还是在投资和研究上都存在着一定的差距。目前中国 ESG 主题基金的规模还不到全部股票和混合型基金的 2%，而欧洲则达到了 15%。在战略应用方面，目前的 ESG 基金大多是以"绿色发展"为主题的概念型基金，而真正采用"ESG"筛选、整合等专业战略的基金并不多见，有关投资与评价的手段与手段还不够完善。另外，ESG 在中国还处于起步阶段，还需进一步强化投资者教育，目前我国 ESG 信息披露水平和相关专业服务水平有待进一步提高。

中国的 ESG 主题基金专门投资于绿色金融与环保产业，这是因为中国近五年来出台了一系列的环保政策和法规。受此影响，中国绿色金融自 2016 年起发展迅速，已经是世界上第二大的绿色债券（截止到 2020 年上半年，其发行规模已经达到 1200 亿美元，仅次于美国），为绿色金融和 ESG 主题的债

---

[1] 第一财经.ESG基金在中国的发展现状和趋势 [EB/OL].https://www.yicai.com/news/100847815.html.

券和混合基金提供了大量的投资对象。中国政府甚至在2020年9月提出了2060年的碳中和计划。一系列政策的推进和强化监管，将会进一步促进中国的绿色金融发展，拓展其发展空间。

总的来看，虽然目前国内ESG投资整体发展较快，但是也存在以下痛点：

第一，ESG投资的相关基础数据仍然薄弱。目前缺乏客观的、结构化、可量化、可考核的统计数据，数据的标准化程度也不高，ESG信息停留在描述性和定义性的层面，这就需要强化ESG投资的基础信息披露。

第二，缺乏统一的ESG评级体系。现在国内关于ESG的标准比较多，交易所、行业协会、学术机构、监管机构、评级机构均有自身的标准，缺乏权威性和统一性的标准。标准不统一，投资者和企业就不知道该遵循哪种标准。另外，简单套用国际标准来用于我国ESG投资的评级，也存在不符合我国国情的问题。

第三，责任投资理念的缺失。责任投资理念直接影响ESG信息披露质量和评价体系的内核。责任投资理念的缺失导致企业信息披露的完整性和真实性有一定偏差；同时，各研究机构为验证指标或数据产品的有效性，在评价方法的制订上是否会过多依赖、参照财务指标也有待考量。

另外，投资者和机构投资者还没有完全形成深入的ESG投资习惯，ESG所发挥的市场导向作用暂时不是很强，目前ESG相关的产品中真正贯彻落实ESG策略的不是很多。并且从数据上看国内的ESG投资产品仍有较大增长和改进可能。根据彭博的统计数据，2018年，发达国家的可持续资产规模占总资产规模比例超过50%。根据中国证券投资基金业协会的统计数据，到2020年7月，国内ESG相关的产品合计发行了17只，资管规模170.57亿元，而中国公募基金则合计发行了7289只产品、资管规模达17.69万亿元，相比而言ESG的发展还有很大提升空间。

第四，资产管理机构积极性参差、能力建设薄弱。ESG资管产品在中国整体仍然处于萌芽阶段，多数机构仅引入了概念性产品，长期布局建设ESG能力者寥寥。

所以中国未来ESG生态体系的建设需要监管方、资金方、资产管理机构和第三方服务商等共同努力。政府监管部门稳步推进上市公司ESG信息的强制披露，指引市场构建符合中国市场情况的ESG内涵框架及因子逻辑，将推动ESG投资步入稳定发展的高速轨道。

（七）我国ESG发展趋势

1. 2060碳中和背景下，我国ESG投资价值有望快速提升

我国的ESG监管政策相对欧美起步较晚，但整体监管环境在不断建设提升，逐步规范和细化企业强制披露信息内容、提升ESG信批质量。2006—2008年，深交所、上交所先后发布《上市公司责任指引》和《上市公司环境信息披露指引》，明确要求上市公司应当对国家和社会的全面发展、自然资源、环境等承担必要责任，开启了国内对ESG投资的监管规范序幕。2012年在国资委要求下，所有央企均需按要求发布企业社会责任报告。2012年8月，中国香港证交所首次发布了《环境、社会及管治报告指引》，允许上市公司自愿披露ESG信息。2018年内地市场基于《关于构建绿色金融体系的指导意见》的不遵守则解释原则，将环境披露要求延伸到所有上市公司。2020年国务院印发《关于构建现代环境治理体系的指导意见》，明确建立完善上市公司和发债企业的强制环境治理信息披露制度。2021年5月证监会发布上市公司披露规则草案添加了关于环境和社会责任的新章节，进一步规范上市公司ESG信息披露。

我国上市公司ESG信批报告数量及质量持续提升，2020年已有27%上市公司披露相关报告。在政策和监管的持续推进下，我国上市公司的ESG信批报告数量和质量不断提升，截至2020年6月15日，上市公司披露ESG报告总数量已达1 021份，沪深300上市公司259家披露ESG报告，沪深300披露比例高达86%，头部上市公司ESG披露意识较强。从沪深300成分股看上市公司的各项指标披露率，其中公司治理项目的披露率最高，其次为环境指标，综合来看披露率进一步提升，且定性指标的披露情况好于定量指标。

在2060年碳中和背景下，我国的ESG监管正处于持续加强阶段，将逐步接轨国际ESG监管规范。2020年3月国务院办公厅印发了《关于构建现代

环境治理体系的指导意见》，提出了建立上市公司和发债企业强制性环境治理信息披露制度；2020年5月中国人民银行联合发改委、证监会等部门发布《关于印发〈绿色债券支持项目目录（2020年版）〉的通知（征求意见稿）》，统一中国绿色债券标准、同时删除了化石能源相关项目，进一步与国际相关标准接轨；2020年3月起生效的新《证券法》，新增了信息披露和投资者保护专章，为上市公司在ESG信披的重大性判断提供法律依据；港交所于2020年7月之后开始实施的《ESG报告指引》加入了强制披露规定，提升了所有社会关键绩效指标的披露责任为"不遵守就解释"，并修订了环境和社会关键绩效指标等，将上市公司的ESG管理纳入公司治理过程中，提升港交所上市公司的ESG信批水平接轨国际。

2021年有望发布对上市公司的强制性环境信息披露要求规定。2020年我国提出了2060年力争碳中和发展目标，在这一背景下大力发展ESG、协调企业发展与环境保护势在必行。预计2021年强制环境信息披露要求有望覆盖到全部上市公司。据2019年11月证监会对《关于加强两地资本市场合作，共同支持绿色金融发展的建议》的答复内容，目前证监会的ESG信息披露具体规则已在研究制定中，将逐步统一"A+H"上市公司的信批标准，接轨中国香港及海外市场。

2.近年我国ESG基金规模高速增长，ESG投资理念日渐加深

2018年至今我国ESG基金管理规模高速增长，21Q2规模近200亿美金，如图3-12所示。据Bloomberg，截至2021年6月30日，我国ESG基金（"ESG基金"包括ESG、社会责任及环境友好基金）在管资产规模已达199亿美元，较2020年同期的管理规模提升近一倍，我国ESG投资自2018年起实现高速增长，2018—2020年CAGR达100%。其中，主动型基金占比超过八成，为国内主流的ESG投资方式。据中国证券投资基金业协会，对国内资管企业调查显示，仅6.1%的管理者对ESG毫无认知，但对ESG因素有所认知的管理者中，制定政策并将ESG纳入投资决策体系或制定了ESG投资策略的管理者占比仅为6.1%，更多管理者意识到ESG的重要性但仍未完全将其纳入投资流程。伴随ESG投资在我国金融市场关注度日益增强，未来ESG对投资决策的影响将逐步提升。

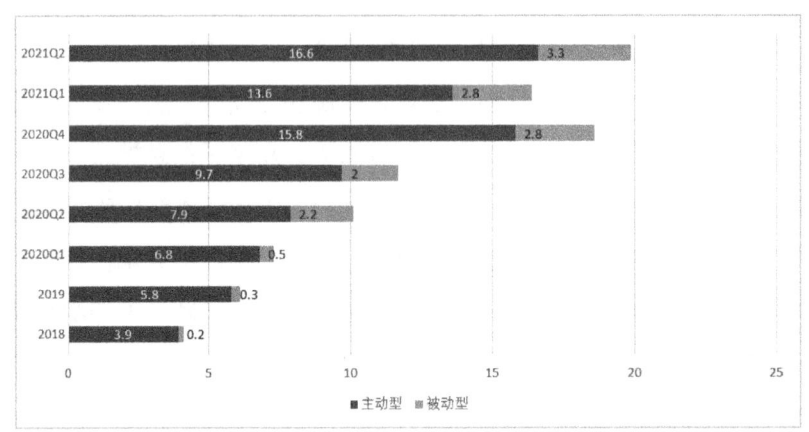

图3-12 2021年Q2我国ESG基金规模近200亿美元

碳中和战略有望推动电力、电网、氢能源等 ESG 主题投资方向。在 2060 年碳中和目标下，我国未来的能源结构将发生重大变化，据清华大学研究，预计 2060 年我国的能源总消耗量结构中，对煤炭的依赖程度将由 2019 年的 58% 下降至 2%，可再生能源占比预计将达到约 80%，风电与光电的占比将提升至 60%。碳中和发展战略有望推动我国 ESG 投资的电力、电网改造、氢能源等主题投资方向发展。预计至 2025 年我国风电、光伏装机有望达到约 1 000GW，较目前约 500GW 装增长 2 倍，至 2060 年我国光伏发电装机容量将至 13—15 倍、风电装机量有望增长约 5—7 倍。

其次为电网的升级改造投资主题，覆盖调度系统、变电站等，预计我国电网配电数字化投资规模将在 5 年内实现翻倍，配电网络占智能网投资比例将稳步增长。此外，氢能可广泛应用于化工、炼钢、公共交通等，我国的氢能源年需求量有望持续增长，据中国氢能联盟，2035 氢能生态系统在市场规模可达 5 万亿元，约为 2019 年 3 000 亿元左右市场规模的 17 倍，2019—2035 年 CAGR 高达 19%，潜在市场空间广阔。其中，以绿氢占比最高，目前绿成本约为 35 元 / 千克，预计至 2030 年成本将下降 40% 左右至约 20 元 / 千克。

伴随我国 ESG 评价工具进一步完善、上市公司信批水平提升，预计 ESG 投资标准化程度将持续提升。参考欧美等主流国际 ESG 投资市场的发展路径，ESG 投资理念的深入、评定标准的完善及 ESG 披露数据质量的提升有望催化 ESG 数产品的发展。从国际经验来看，海外主流指数供应商 MSCI、FTSERussell、DJSI、CDP、Morningstar 等均构建了自身 ESG 评级框架体系，为市场提供 ESG 参照标准及 ESG 投资标的，ESG 指数产品成为推动全球 ESG 投资发展的重要力量。

目前我国的 ESG 投资理念仍较为宽泛，市场缺乏认可度较高的统一标准。伴随国内 ESG 评级热度提升，机构陆续研发推出国内市场的 ESG 评级体系，中证指数于 2020 年发布了适用于国内市场的 ESG 评价体系，有助于市场进一步认知企业的 ESG 表现与企业业绩、投资者回报之间的关系，评估 ESG 投资价值。国内评级体系的完善和统一有望推动国内 ESG 投资的标准化发展，被动投资规模有望提升。

3.国际投资机构将推动中国ESG评价的行业方法论形成

随着中国金融市场持续开放，资管行业国际化程度不断提升，国际合作也将继续加强。国际投资机构对 ESG 产品的需求和偏好将推动中国相应行业方法论和产品模型的转变。同时，国内外 ESG 评价标准也将逐步融合，投资理念必然对国内金融市场产生越来越深刻的影响。我们可以预见，国际金融合作将促进和引导国内金融市场可持续发展理念的不断深入。

随着中国金融市场开放化进程加快，将会有更多的国际资本进入中国，国际投资者对中国市场 ESG 投资需求将越来越大。而国际投资对中国企业落实 ESG 提出的要求，将会推动上市公司进一步完善 ESG 管理制度、提升 ESG 实践策略和水平。

从国内外 ESG 的发展趋势来看，未来 ESG 将成为投资行为中必不可少的非财务指标，ESG 评价将逐步对上市公司企业社会责任的优化发展以及广大投资人投资理念的转换起到关键作用，ESG 评价的作用也将从基础的投资标准迈向投资标的。

随着监管机构对 ESG 信息披露要求趋严，国际金融合作深入，中国上市公司的 ESG 数据将得到巨大完善，再结合国内环境信息公开的发展以及第三方大数据机构的助力，可以预见，未来在保有中国特有 ESG 评价体系特色的基础上，国内外评价体系总体上将趋向融合。随着ESG基金的相继建立，国内、外机构投资者对其ESG的信息披露要求不断提高，同时也使其在ESG信息披露中的工作热情得到提高。商道融创数据显示，在2020年A股上市公司中，有27%的发表了ESG报告，而沪深300上市公司的发行比例则在86%以上。在这一背景下，ESG和ESG概念指数也陆续出现。

提升ESG绩效将成为上市公司社会责任管理的主要内容。ESG是内部管理与外部信息披露和第三方评级、投资者运用相关信息进行投资决策的系统的过程。在这个过程中，内部管理与上市公司ESG3个维度的管理是基础性工作。通过外部评价，带动内部管理改进，对完善公司运营、提升风险防控能力有着推动作用，同时也是提高上市公司评级结果的最重要支撑。随着公众环保意识的提高，以及资本市场全球化进程引入全球标准和国际规范，对上市公司社会责任管理提出了更高要求。因此提升ESG绩效将成为上市公司未来开展社会责任管理工作的主要内容。ESG的披露范围不断扩大，披露质量不断提高，专业服务的发展也为中国ESG基金的发展提供了有力的支撑。同时，中国金融市场的对外开放程度也在不断提高，并逐渐与国际接轨，全球ESG投资的加速发展趋势、国际投资者对人民币资产的需求、资管机构的国际化水平的提高，都将推动中国ESG基金的快速发展。

由于中国金融市场日益开放（例如中国香港与大陆ETF挂钩的政策体系），外国投资者会有更多的途径来购买国内的人民币资产，更容易满足那些喜欢ESG产品的外国投资者的需要，从而加快中国资管机构对ESG投资理念的理解和接受，并促进中国股票ESG基金的发行和供给。中国ESG基金在今后的数年内将会加快发展，具有很大的发展空间[1]。

4.我国ESG发展生态圈逐步形成

我国近两年监管政策和信息披露将逐步完善，标准体系将建立完成，市场引导作用会慢慢凸显。随着绿色金融政策的推进，金融机构之间有望建立良性、可持续的ESG发展生态圈和信息共享平台，中国或将为国际ESG评价体系打造更务实、有效的样本。我国ESG投资标准发展趋势分析如下：

---

[1] 沈晓倩.ESG基金在中国：现状和前景[J].中国外资,2021(13):92—93.

一是 ESG 评级标准将更多体现"中国特色"。

由于 ESG 理念来源于西方，投资标准和中国特殊发展阶段、国情存在较大差异，如对相关项目的标准界定和指标权重存在不同。经过近年来的实践，评级机构根据中国国情对行业准则、信息披露、监管要求等方面进行评估并做出指标调整，以达到通过评级结果真实反映企业 ESG 风险、绩效表现、对上市公司价值影响的目的。

随着国际资本进入中国市场，评级机构将更多参与到标准制定、信息交流过程中，探索符合中国社会责任价值的 ESG 发展之路。可以预见的是，未来 ESG 评级标准将更多体现"中国特色"。

二是 ESG 投资与贯彻落实新发展理念将深度融合。

2018 年 3 月第十三届全国人大第一次会议，提出贯彻新发展理念的要求。新发展理念强调坚持创新发展、协调发展、绿色发展、开放发展、共享发展，是新时代中国经济发展的一个基本框架。

而 ESG 投资理念对于环境改善、社会发展和完善公司治理方面的基本理念、目标和追求，同五大理念有着很强的逻辑一致性。因此 ESG 投资在中国经济发展的格局下，将会更好地助力上市公司发展，引导企业贯彻落实绿色金融、绿色发展理念，完善公司治理结构，处理好经济发展与社会和谐的关系。在新发展理念指导下制定的经济、社会、环境政策，将会为 ESG 评级的管理与应用创造更好的政策环境。

5. 将有更多的人工智能与大数据运用于ESG评价体系

人工智能与大数据产业的迅速发展和广泛应用对于构建全面的 ESG 评价体系起到重要且不可替代的作用，将会有更先进的高新科技和更多的另类数据应用于 ESG 评价体系的优化和完善[1]，从量化模型、算法到实现方式、语言转化等多个方面都将因新技术的应用而实现进步，从而可以及时地、综合地、客观地、完整地反映企业在 ESG 方面的表现。例如，在 2020 年上半年期间，中国邮政储蓄银行通过运用蔚蓝生态链，动态检测和评估企业的环境信用，并对信贷存量客户环境排放物和能源使用数据进行全方位计算，为了使贷款

---

[1] 夏韵, 孙明春. 人工智能产业发展中的 ESG 风险分析 [J]. 现代金融导刊, 2021(3):16—21.

企业重视自身的环境行为并履行环境污染防治的主体责任，中国邮政储蓄银行还通过绿色信贷帮助贷款企业披露相关环境信息，制订并采取切实可行的环境保护措施，以促进节能减排、推动产业优化升级。

多样化的ESG投资管理工具开发日益迫切。在ESG投资实务方面，ESG投资管理工具的开发，ESG算法模型、风险系数、资本资产评估模型的改进，以及相关工具的实际应用，是接下来及未来投资能否成功的最重要的技术支持。

因此ESG投资管理工具开发将成为下一步各大投资机构以及专业机构研究开发的重点，这也是提高投资效益的基本的技术要求。ESG管理工具将结合大数据及人工智能AI技术，呈现多样化发展态势，逐步提升ESG信息数量、质量与覆盖率，防范金融风险，推进经济转型，发掘长期投资价值，从而有助于企业、行业的可持续发展。

6.将有更多领域对ESG提出相关要求

ESG已经成为指导投资的重要标准之一。致力于ESG投资赛道的广大投资者，应合理规划ESG愿景，识别急需进行改善的领域，采取有针对性的行动，无论在尽职调查还是制定价值战略时，应充分考虑ESG因素，追踪并定期记录ESG带来的价值。

从目前的情况来看，ESG理念主要是许多上市公司所重点关注的投资策略，而普通企业贯彻ESG理念的较少。因此，未来ESG信息披露的各项指标和框架将面向更多的普通企业。监管机构根据相关政策要求，如绿色信贷和绿色金融等，促使更多金融机构建立ESG投资理念，不仅能规范金融机构对应的投资企业的ESG风险管理，在整个信贷流程中融入将ESG相关要求，将ESG评价成为客户准入的前提条件，还能通过开发不同层次的ESG金融产品使更多资金有效地流入到ESG表现良好的企业。

不同行业的ESG表现差异将长期存在并扩大。ESG自身存在的三个维度：环境、社会与公司治理，决定了其关注的主要对象。对环境影响大的传统行业，比如重化工业、能源、矿业行业在污染治理、清洁能源、经济转型方面由于受到外部的压力，对于ESG环境工作具有更强的动力。

比如金融业，在金融稳定性、社会参与、公司治理等方面有着更好的表现，但在环境方面披露的措施较少。像一些非传统领域，对于环境影响较小，没有足够的外部压力，因此对于 ESG 的投入相对较少，也从一定程度上影响了企业的 ESG 评价结果。

这种 ESG 评级过程中存在的差异是由行业特性决定的。随着新兴技术、新兴产业的发展，这种差异性将会进一步体现。

但 ESG 评级要求实现多方面的价值，即这种多元价值目标是一把双刃剑。ESG 的评级过程具有明显的社会价值追求，比如绿色和可持续发展的理念、人权和平等，这些社会价值追求从一定意义上体现了人类的价值期望，并对 ESG 投资的发展有着导向作用。另外，因为这种多元价值的实现并不完全是环境价值和社会价值，还包括经济价值，如果过分强调环境和社会价值或者忽视经济价值，企业的投资和发展空间就可能会受限，进而导致对企业履行经济和财务方面的责任产生负面影响。经济、社会和环境 3 方面社会责任的履行和发展相互促进，但同时也存在相互冲突。在这种情况下，多元价值理念的存在不仅对企业如何履行社会责任提出了相应要求，也对企业如何处理和平衡不同价值之间的关系提出了一定挑战。

7. 国内ESG专业机构的影响力不断提高

近年来，在国内信息披露政策环境改善的背景下，国内专业评级机构对自身评价指标、评价过程、评价方法、信息共享等方面进行了完善和优化，使其专业性和评级能力迅速提升。

由于国内评级机构在评价研究、政策影响、对上市公司指导等方面的影响力逐渐增强，以及国内机构在 ESG 理念的本土化、对中国国情的掌握与理解方面具备更多优势，使国际评级机构和国内评级机构的力量对比和话语权进一步发生变化。

这一变化对于中国企业 ESG 的发展起到重要的促进作用。未来，中国国内评级机构将会在 ESG 理念中国推广与实践、建立完善的 ESG 评价体系方面扮演更加重要的角色。

二、实践应用

（一）我国推进ESG实践应用的必要性

目前，虽然ESG的发展在我国仍处于起步阶段，但是由于政府和市场主体对可持续发展理念的持续关注和接纳推广，ESG将会迎来更广泛的新发展机会[1]，并且ESG理念本身就与我国的"创新、协调、绿色、开放、共享"的发展理念具有相似的地方。ESG评价体系的构建有利于我国可持续发展战略的进一步贯彻实施，也提出了一个可行的、现实的可持续发展评价方法，不幸的是，现在国内很多企业和机构的ESG实践借用了国际上发达国家的ESG理念，很少分析我国市场上的ESG相关背景和内涵。在我国发展ESG是在向国际市场接轨，但历史的经验表明拿来主义并不可取，为了使ESG理念在我国得到广泛普及，需要基于我国的市场环境和企业现状，并结合我国国情赋予ESG新的内涵，使其具有我国特色且适用于我国企业的发展前景。另外，当前中美两国两元体制下的竞争与合作关系趋势在世界格局中逐渐突出，在这种背景的影响下，分析ESG理念的内涵，结合我国国情并赋予其时代化的特点，在一定程度上体现并强调了我国的制度自信、理论自信、文化自信和道路自信。

我国与欧美国家特别是美国在国家治理结构、社会经济发展阶段、历史文化背景等方面的差异决定了ESG理念中国化的必要性。

1.中美两国国家治理结构差异明显

有着西方社会、政治和文化背景的美国是一个典型的小政府大市场国家，拥有各种各样的企业群体，社会经济水平历经几十年的发展已经达到了相对较高的程度。与此同时，包括与环境保护、公司治理、公共利益保护相关的法律在内的社会法律体系较为健全。美国作为三权分立的典型国家，市场主体在治理方面起着重要作用，且通常比政府更为重要，ESG理念正是在美国这一国家中提出的。与美国相比，我国是一个典型的大政府小市场国家，这就意味着政府会发挥更重要的作用。虽然中国特色市场主义经济体制与制度

---

[1] 杨蕙宇.国内外ESG体系的比较[J].企业改革与管理,2020(2):51—52.

体系建设在30余年的改革开放过程中得到了较大的发展和完善，但是就当前阶段而言，往往是政府而不是市场在社会经济活动中起着重要影响作用。另外，在我国经济中占主导地位的是国有企业，这也是与美国的不同之处，我国国有企业在党和政府的领导下，按照中国特色社会主义市场经济规律经营，虽然上一轮国有企业改革后，医院、学校等由国有企业承担的一些社会职能被取消，但与民营企业不同的是，国有企业一些社会职能的取消并不表示其社会责任的取消，而恰恰相反的是，非但不代表取消社会责任，国有企业应当在促进社会可持续发展方面履行和承担比民营企业更多的环境与社会责任。

2.中美两国社会经济发展阶段显著不同

中国和美国所处的发展阶段也不同，要想建设"创新、协调、绿色、开放、共享"的可持续发展型社会，需要以高质量的经济发展为依托，而能源支持是经济快速发展必不可少的条件。最近几年，欧美国家对化石燃料行业，如煤炭、石油、天然气等持非常抵触的看法和态度。欧洲投资银行就是一个很好的例子，决定并宣布在2021年要全部禁止对化石燃料行业企业的融资支持。而就我国情况来看，化石燃料行业对我国社会的经济发展和稳定发挥着重要作用，这不仅是因为该行业的就业人口和其家庭人口多达上亿人，还因为其他能源是补充能源，所以我国不能采用欧美市场那样的做法，不能完全抵触化石燃料行业。在这样的背景下，ESG评级应基于适用于我国国情的角度，在化石燃料行业中更加关注和重视企业在资源的高效利用、高质量的信息披露、与绿色业务相关的升级等维度的综合绩效。

其次，与美国不同，我国近年来在植树造林和荒漠治理方面，做出了全球领先的贡献，植物造林面积约等于17个韩国国土面积，在碳中和方面为应对全球温室气体效应做出了巨大贡献。当前国际ESG评级机构在环境责任方面重点强调温室气体排放指标，综合考虑我国能源结构、环境污染治理等情况，相比于碳排放，我国在ESG评估过程中更应该关注污染物排放和能耗指标；同时，探索将碳中和指标引入到评价体系中，体现我国在全球气候变化行动中的大国担当。

3.中美两国历史文化背景截然不同

在历史文化背景方面，我国与美国也存在不同。在我国，社会责任和社会公共事务一直被视为处于政府责任的范围之内，这就导致了无论是国有企业，还是民营企业，通常都不愿参与社会责任和社会公共事务领域，或者参与意愿较低，从而使企业参与社会责任这一历史传统在社会的整体文化环境中缺失。美国的开放式社区文化的存在使其在社会活动方面发挥着关键作用，而我国社区文化则相反，更偏向于封闭状态。社区文化传统的类型和惯例不同，所形成的社会公共事务参与模式也有一定程度的不同，进而导致了企业持有的参与社会责任和社会公共事务的态度和采取的行动方式也存在不同。

（二）我国ESG相关政策法规

虽然ESG这一概念在2006年才被正式提出来，但是自步入21世纪以来，我国就出台了相关政策法规来规范和引导ESG活动。ESG的内涵既包括企业追求可持续发展所应遵循的核心纲领，也包括可助力企业践行可持续发展的指南与工具。因此从2002年至2021年，我国一共出台了62部政策法规。其中，有48部政策法规现行有效。综合而言，我国ESG实践主要包括具体活动、相应信息披露和评价三个方面内容。

2002年1月，中国证监会、原国家经济贸易委员会联合发布了《上市公司治理准则》，阐明了我国上市公司治理的基本原则。

2002年1月，原中国银监会发布的《绿色信贷指引》，对银行业金融机构绿色信贷的执行做出具体规定。

2002年5月，中国人民银行发布《股份制商业银行独立董事和外部监事制度指引》，明确独立董事和外部监事的资质、任免制度和权责利分配等内部治理层面的内容。

2003年9月，原国家环境保护总局发布《关于企业环境信息公开的公告》，这是我国第一个有关企业环境信息披露的规范。

2005年7月，中国证监会发布了《上市公司与投资者关系工作指引》，明确投资者关系工作的目的、内容和方式、组织和实施。

2005年12月，国务院发布《国务院关于落实科学发展观加强环境保护的决定》，明确指出企业应当公开环境信息。

2006年6月，中国证监会发布《证券投资基金管理公司治理准则（试行）》，阐明证券投资基金管理公司治理准则。

2006年9月，深交所发布《上市公司社会责任指引》，鼓励公司自愿披露公司社会责任报告。

2007年1月，原中国银监会发布《信托公司治理指引》，阐明信托公司治理准则，为信托公司治理提供指南。

2007年4月，原国家环境保护总局发布《环境信息公开办法（试行）》，明确强制公开环境信息的标准。

2008年2月，原国家环境保护总局发布了《关于加强上市公司环境保护监督管理工作的指导意见》，要求在发生可能对上市公司证券及衍生品种交易价格产生较大影响，且与环境保护相关的重大事件时，公司应当立即披露相关信息。

2008年5月，上交所发布《关于加强上市公司社会责任承担工作的通知》和《上市公司环境信息披露指引》，鼓励上市公司披露社会责任报告。

2009年1月，中国银行业协会发布《中国银行业金融机构企业社会责任指引》，鼓励银行业金融机构实施社会责任履行的第三方独立鉴证，并通过多渠道公开披露企业社会责任的履行情况。

2010年4月，财政部、中国证监会、审计署、原中国银监会和原中国保监会联合发布《企业内部控制应用指引第4号——社会责任》，指出企业在经营发展过程中应当履行的社会职责和义务。

2010年9月，原环境保护部发布的《上市公司环境信息披露指南（征求意见稿）》首次将突发环境事件纳入上市公司环境信息披露范围，并在附录中列示了上市公司年度环境报告编写参考提纲。

2012年2月，原中国保监会发布《关于进一步做好〈保险公司治理报告〉报送工作的通知》，进一步规范《保险公司治理报告》的报送等相关内容。

2013年7月，原环境保护部发布《国家重点监控企业自行监测及信息公开办法（试行）》和《国家重点监控企业污染源监督性监测及信息公开办法（试行）》，要求国家重点监控企业公开企业污染物排放自行监测信息，环境保护主管部门应对国家重点监控企业进行污染源监督性监测并依法公开污染源监测信息。

2013年7月,原中国银监会发布《商业银行公司治理指引》,阐明商业银行公司治理的具体准则。

2014年4月,《中华人民共和国环境保护法》发布,以法律的形式,要求重点排污单位应当如实向社会公开其主要污染物的名称、排放方式、排放浓度和总量等情况,并接受社会监督。

2014年12月,中国石油化工集团公司在北京发布了《中国石化页岩气开发环境、社会、治理报告》,这是中国首个页岩气开发环境、社会、治理的专题报告。

2015年9月,中共中央、国务院印发《生态文明体制改革总体方案》,要求资本市场建立上市公司环保信息强制性披露机制。

2015年10月,党的十八届五中全会提出"创新、协调、绿色、开放、共享"的新发展理念,绿色发展成为"十三五"乃至更长时期我国的发展战略。在这样的大背景下,倡导ESG成为上市公司践行绿色发展战略的抓手。

2015年以来,原国家质检总局、国家标准化管理委员会发布了《社会责任指南》《社会责任报告编写指南》《社会责任绩效分类指引》等标准体系,意味着社会责任的实践由起步阶段步入实质阶段。

2016年6月,国务院国资委发布《关于国有企业更好履行社会责任的指导意见》,要求建立健全社会责任报告制度,加强社会责任日常信息披露。

2016年8月,中国人民银行、财政部、国家发展改革委等七部委联合发布《关于构建绿色金融体系的指导意见》,率先在金融领域将构建绿色金融体系上升为国家战略和政策要求。

2018年6月,中国证监会就修订《上市公司治理准则》公开征求意见,并于9月30日正式发布修订后的准则《上市公司治理准则(2018修订)》确立ESG信息披露的基本框架。

2018年11月,中国证券投资基金业协会发布《中国上市公司ESG评价体系研究报告》,指出研究和推广ESG是推动中国经济高质量发展和完成三大攻坚任务的重要工具。

2019年3月，中国证券投资基金业协会进一步发布了《关于提交〈绿色投资指引（试行）〉自评估报告的通知》，作为《绿色投资者指引（试行）》的具体实施文件。

2019年11月，中国人民银行发布《中国绿色金融发展报告（2018）》。报告指出，中国绿色金融进入纵深发展的新阶段。

2020年12月，上交所修订的《上海证券交易所科创板股票上市规则》要求企业报告其履行社会责任的情况，并视情况编制和披露社会责任报告、可持续发展报告、环境责任报告等。

2021年1月，商务部办公厅发布《关于推动电子商务企业绿色发展工作的通知》，从三个方面规定推动电子商务企业绿色发展工作的措施。

2021年2月，国务院发布《关于加快建立健全绿色低碳循环发展经济体系的指导意见》，指明建立健全绿色低碳循环发展经济体系的主要目标。

2021年2月，中国证监会发布了《上市公司投资者关系管理指引（征求意见稿）》，在第七条上市公司与投资者沟通内容中增加了ESG信息。

2021年5月，生态环境部发布了《环境信息依法披露制度改革方案》，明确到2025年，环境信息强制性披露制度基本形成。

2021年5月，中国人民银行发布《银行业金融机构绿色金融评价方案》，制定绿色金融评价体系，并明确定性、定量指标评分方法。

2021年6月，中国银保监会发布《银行保险机构公司治理准则》，对于银行保险机构内外部各要素治理提出明确要求，以推进银行保险机构公司治理水平的提升。

2021年7月，中国人民银行发布《金融机构环境信息披露指南》，提出了金融机构环境信息披露需要遵循的原则、披露的形式、内容要素以及各要素的原则要求。

（三）我国ESG实践

党的十八大以来，党和政府高度重视绿色发展和可持续发展，陆续出台了一系列政策文件，推动我国绿色可持续发展，2017年党的十九大提出发展绿色金融，建立健全绿色低碳循环发展的经济体系的要求，人民银行、发改委等七部委发布《关于构建绿色金融体系的指导意见》。2018年证监会修订上市公司治理准则，加强中小投资者保护，基金业协会发布绿色投资指引，保险资管业协会发出绿色投资倡议，多家公募基金公司加入联合国责任投资倡议组织UN-PRI。2020年证监会及交易所要求所有上市公司强制环境信息披露。

近年来，作为国际主流绿色可持续发展理念之一的ESG理念也在国际及国内两方共同推动下引入国内市场，逐渐引起投资机构、监管机构及相关行业协会自律组织的重视，并且已经有易方达、嘉实、工商银行、华夏银行等多家金融机构将ESG应用于投资领域并推出了相关ESG指数、ESG投资产品及相关指标体系。相比于欧美资本市场，国内资产市场ESG投资尚属于起步阶段，当前ESG投资资产规模占比约为2%，远低于欧美资本市场。

虽然ESG在我国的起步较晚，但是ESG在我国得到了迅速发展，ESG在我国也得到了相应的实践与应用。

1.ESG理念在企业中的实践应用

首先ESG理念在公司中的一些实践应用包括如下。

（1）以ESG理念进行公司治理

根据上市公司公告，已有部分上市公司为适应发展战略需要，增强可持续发展能力，完善法人治理结构，提升公司环境、社会及治理（ESG）绩效，专门设立ESG委员会，如国网英大、宝钢股份及紫金矿业等均已将ESG理念纳入公司治理。

举例：宝钢股份关于ESG治理架构建设议案

宝钢股份的ESG治理结构由3个部门构成：董事会、战略、风险和ESG委员会和ESG工作小组。

A.董事会负责公司ESG事务的行政和信息公开；

B.重组战略和风险管理委员会为战略、风险和安全战略委员会。与ESG有关的职能为：

1）确保公司在与全球ESG相关的问题上的立场与行为，与时代和国际标准保持一致，并就相关的环境、健康、安全、环境、人权、反腐等方面的政策制订和提供最新的建议；2）针对公司所关注的气候变化、温室气体减排、绿色产品、清洁能源技术、安全稳定运营等问题，给出了相关的意见；3）研究、分析和风险评价公司 ESG 的有关事项，制定 ESG 的制度、战略和目标；4）组织、协调公司 ESG 相关政策、管理、绩效及目标进展情况，并提供相关的意见；5）审核并将公司 ESG 的有关报告呈交给董事会；6）审查公司年度环境、社会责任和 ESG 业绩指标，并将其与管理层的业绩奖励相联系；7）考虑公司策略和 ESG 相关事宜。

C.ESG 的工作团队是主要的协调和实施组织。

（2）以 ESG 理念助企业进行价值评估

企业价值是投资者进行投资定价的关键因素，企业价值也是企业未来价值的现实体现。ESG 理念更注重企业的可持续发展，需要企业在多方面追求平衡，从而促进财务目标的实现。因此在企业价值评估中，考虑 ESG 因素对于企业价值的影响是十分必要的，在一定程度上会对评估结果进行修正，使其更贴近企业真实价值，高质量的 ESG 信息披露和有利的 ESG 因素也将在一定程度支撑企业估值。

举例：ESG 因素在企业价值评估的学术研究

中央财经大学绿色金融国际研究院副院长施懿宸发表的《ESG 因素在企业估值的运用》一文中，从估值的角度剖析了 ESG 因素对企业预期现金流、折现率和关键假设的影响。

（3）以 ESG 理念为框架进行绩效评价体系

在目前高质量发展的要求下，优秀企业的评价标准已不再是高额盈利，其评判标准随着社会责任和环保意识的提高，评价维度逐渐开始多元化。财务报告涵盖了企业的全部财务状况和盈利情况，ESG 则可以在一定程度上对公司的非财务信息进行一个多维度的展示，两者结合将更为全面的刻画企业形象。因此，ESG 逐渐成为企业绩效评价的重要方式。

举例：蒙牛 ESG 绩效获全球权威评级机构认可

近日，全球最大指数公司之一 MSCI Inc.（明晟公司，英文名 Morgan

Stanley Capital International）公布最新结果，蒙牛集团 MSCI ESG 评级从去年的"BB"级上调至"BBB"级，拿到了中国食品行业领域迄今为止的高 ESG 评级。

（4）以 ESG 理念进行投资决策

ESG 投资理念目前已被金融领域广泛应用，在"双碳"政策下，契合 ESG 理念的股票、债券、主题基金、股权投资项目均获得市场的喜爱，掀起了 ESG 投资的热潮。

美国 COSO 委员会列举了一系列识别 ESG 风险的行动和流程，包括尽职调查、企业 ESG 分析、政策趋势分析、SWOT 分析等方面，金融机构若能将 ESG 风险行动及流程的结果与企业的战略和目标相结合，识别 ESG 相关风险和机遇，则将有效防范企业环保及社会责任风险，减少投资损失。

2.ESG在金融机构的实践应用

ESG 在不同的金融机构也得到了相应的实践与应用。

相较于国际，我国 ESG 发展起步较晚，但近年来呈现快速发展趋势。从发布的指数来看，截止到 2021 年 9 月底，中证指数公司累计发布 ESG 等可持续发展指数 81 条，是目前国内绿色指数体系健全，指数数量与跟踪产品规模领先的供应商，旨在为投资者提供更加多样化且专业化的工具和服务。中央财经大学绿色金融国际研究院根据中国本土化指标体系与数据，与德意志交易所集团下属 Qontigo 指数公司 STOXX 系列指数团队共同编制了基于中国本土化指标体系与数据的 STOXX-IIGF 中国 A 股 ESG 指数。

2021 年上半年，我国公募基金发行规模已突破 1.5 万亿元。截止到 2021 年 6 月 18 日，基金公司共发行 40 只绿色主题相关的基金，涵盖了新能源新材料、节能环保、低碳生活和绿色投资等相关主题基金。其中，发行数量靠前的富国基金共发行 4 只绿色基金，工银瑞信基金、汇添富基金和国泰基金共发布 3 只绿色基金。

其他 ESG 产品方面，南财理财通数据显示，截至 2021 年 8 月，银行及理财子公司共发行 ESG 理财产品 78 只。其中股份行发行 44 只，理财子公司发行 32 只，发行数量位于榜首的分别为农银理财、华夏理财和青银理财，发行数量分别为 15 只、6 只和 4 只。城商行和农商行各发行 1 只，分别为九江银行和江苏苏州银行。相较于 2020 年，ESG 理财产品增速明显。在规模方面，截至 2021 年 6 月底，全市场 ESG 主题理财产品存续余额超 400 亿元，较年初增长约 50%，同比增长 2.14 倍。

（1）ESG 在银行业金融机构的实践应用

作为金融机构的重要参与者，银行和相关子公司开始逐渐搭建 ESG 服务体系，对 ESG 的重视程度不断提升。银行理财子公司相继推出 ESG 相关的绿色理财产品。银行引入 ESG 理财产品，一方面可以为投资者带来相对稳定的回报，ESG 投资策略在分析概念管控和稳定收益方面表现优异。另一方面，ESG 相关产品符合国家"双碳目标"的绿色发展战略，从而提升银行的社会责任感。银行理财引入 ESG 投资理念后，助力银行实现规避风险与价值实现的双重目标。2019 年 3 月 19 日，华夏银行资产管理部正式成为国内首家联合国负责任投资原则 (PRI) 组织的商业银行资产管理机构成员，同年 4 月份创设了我国首只 ESG 主题理财产品，由此拉开了国内银行理财发行该主题产品的序幕。2020 年中央财经大学绿色金融国际研究院也与苏州农商行共同发布，基于中财大绿金院 ESG 评估体系的"中证中财－苏农长三角 ESG 债券指数"和"中证中财－苏农苏州绿色发展指数"。

目前银行及理财子公司的 ESG 产品主要以固收类为主。由于银行客户端的风险承受能力相对较低，客户追求更加稳定的收益；同时也与银行在过去的理财风格息息相关，多数为稳健类投资品种，债权类资产及非标资产配置相对较多，这导致银行在权益类上的配置稍显不足。不过随着投资理念的转变，银行也逐渐提高混合类资产的占比。

（2）ESG 在证券业金融机构的实践应用

证券公司是资本市场服务提供商。为增强券商的可持续运营能力，机构也不断重点关注投融资项目中环境和气候等 ESG 因素引发的金融风险状况，支持新经济新产业的发展，从而进一步降低融资成本。在《负责任投资原则》中，明确提出证券金融机构在资产管理实践中，将 ESG 议题纳入投资分析和决策过程。深圳交易所和上海交易所都已经发布了相关的信息披露指引和规范，鼓励在披露年报的同时一并披露社会责任报告。证券交易所基于社会责任或 ESG 信息，不断开发更多的证券衍生产品，例如社会责任及绿色相关的股票指数，来推动上市公司进行 ESG 信息披露。从服务实体经济角度来说，在 IPO、并购重组和再融资等方面帮助传统产业的企业转型发展。

就目前来看，尽管券商发行的 ESG 相关主题产品不断增加，但是从整体来看，产品种类也主要集中在固定收益类产品，权益类产品还有待于逐步完善。碳中和大背景下，ESG 主题基金偏向于低碳环保、新能源等主题，对于社会与治理方向主题投资也有待创新。

（3）ESG 在保险业金融机构的实践应用

保险行业承担为客户分散风险的责任，保险资金投资期限长，更加追求长期稳定的投资回报，与 ESG 投资所倡导的可持续发展理念相匹配。近年来，保险机构不断探索新绿色环保路径，针对 ESG 领域的可保风险点进行产品创新。2020 年 11 月中国银保监会发布的《关于保险资金财务性股权投资有关事项的通知》明确提出保险机构要履行社会责任，不得投资高污染、高耗能、未达到国家节能和环保标准的企业和项目。截至 2021 年 8 月，保险资金实体投资项目中涉及绿色产业的债权投资计划登记(注册)规模达到 10 601.76 亿元。中国太保旗下长江养老发行首只 ESG 保险资管产品，填补了养老保险资管领域在 ESG 产品方面的空白。

但是从整体来看，我国绿色保险品种与模式还与国际上有一定的差距。并且大多数属于试点阶段，相关数据、覆盖率以及企业投保规模以及保费还不够完善。在保险机构 ESG 发展道路中，中国保险资产管理业协会副会长兼秘书长曹德云表示要发挥险资优势，加快 ESG 发展实践。保险机构作为服务实体的重要建设者要加强责任投资、绿色投资并开展国际化交流。

（四）我国ESG实践的分析与建议[1]

1.上市公司开展ESG信息披露的数量逐步提升

我国上市公司开展 ESG 披露的数量稳步提升。根据 WIND 数据库统计，2015 年至 2020 年我国发布 ESG 报告的 A 股上市公司由 907 上升至 1 280 家，占总量的三分之一，数量持续增长。沪深 300 指数内上市公司在 2020 年有 259 家发布报告，占比已经超过 86%，表明头部上市公司已经有较强的 ESG 披露意识。但总体来看，发布 ESG 披露报告的公司数量并未过半。

2.上市公司ESG实践仍需完善

（1）ESG 表现与政策合规要求仍存在差距

通过对中国上市公司 ESG 相关监管政策以及违规案例整理，如表 3-2 所示，发现部分公司忽视经营管理中存在的与 ESG 相关的合规风险点，受到停产整治、罚款等相应处罚，给企业声誉及经营管理带来负面影响。

表3-2 中国上市公司ESG相关监管政策及案例整理

ESG维度	上市公司ESG相关法律政策	政策要求	负面案例
E	《中华人民共和国环境保护法》	超过污染物排放标准相关部门有权采取限制生产、停产整治等措施；情节严重责令停业、关闭、并予以处以罚款或刑拘	2017 年9月，鞍钢排放物严重超标，环保部责令停产整治。按日计罚 255万元
E	《中华人民共和国大气污染防治法》	超过大气污染物排放标准或者超过重点大气污染物排放总量控制指标排放大气污染物的由县级以上人民政府生态环境主管部门责令改正或者限制生产、停产整治。并处十万元以上一百万元以下的罚款；情节严重的。报经有批准权的人民政府批准，责令停业、关闭	2021 年12月。山西运城宝石花区域能源科技有限公司园超标排放大气污染物，受到39万元罚款
S	深圳证券交易所《上市公司规范运作指引（2020年修订）》	不得依靠夸大宣传、虚假广告等不当方式牟利，不得通过贿赂、走私等非法活动牟取不正当利益。不得侵犯他人的商标权、专利权和著作权等知识产权。不得从事不正当竞争行为。积极履行社会责任	2021年1月，雅本化学系一起上市公司，新冠疫情期"蹭热点"多次宣传子公司为抗疫相关医药中间体主要供应商，夸大言辞误导投资者，予以严惩

---

[1] 新华财经.中国上市公司 ESG 实践分析及建议 [EB/OL].https://www.cnfin.com/cmjj—lb/detail/20220110/3509283_1.html.

续表

ESG维度	上市公司ESG相关法律政策	政策要求	负面案例
G	《证券法》	对于控股股东、实际控制人组织、指使从事虚假陈述行为，或者隐瞒相关事项导致虚假陈述的，最高可处以1 000万元罚款	2021年7月，永城煤电控股集团有限公司(下称永煤控股)因虚增货币资金861亿元，被证监会处罚300万元，6名高管同时被罚230万元

（2）ESG信息披露质量有待加强

部分上市公司甚至存在强制性披露内容披露不完整现象。通过对监管部门出台的信息披露要求梳理可以看出，在环境层面，对相关议题做出了更加细化的指引，同时加强了数据披露的要求。在治理层面，对相关业务、行业趋势及涉及风险因素等都做了详细的要求说明，并指出上市公司不得仅以相关事项结果尚不确定为由不予披露。对标披露要求，部分上市公司未按相关规定披露信息，受到相应处罚，如表3-3所示。

定量信息缺乏。完整的ESG披露应包括对定量和定性指标的披露。根据商道融绿《A股上市公司2020年度信息披露统计研究报告》数据显示，全A股4136家上市公司中仅有1092家企业主动披露了ESG数据，占总数的25%。可量化关键指标的缺失，在一定程度上降低了ESG报告的准确度和可比性。

缺乏信息质量鉴证。在企业具备ESG信息披露基础后，监管机构就会倡导企业进行第三方鉴证。比如，根据中国香港联交所于2019年12月发布的《环境、社会及管治报告指引》，上市公司被鼓励进行独立第三方鉴证，UN PRI倡议签署成员单位要求被投资企业进行第三方ESG鉴证，碳披露项目（CDP）、道琼斯可持续发展指数（DJSI）等机构对是否经过鉴证将在ESG评级过程中进行评分。但根据WIND数据库的相关数据，截至2020年，仅仅有12%的ESG报告是经过第三方鉴证的，这一数据远远少于其他新兴市场80%的鉴证数据。由此可见，在企业披露信息的第三方鉴证方面仍有较大的增长空间。

表3-3　中国上市公司ESG信息披露监管要求及案例整理

ESG维度	上市公司ESG相关法律政策	限制约束	负面案例
E	深圳证券交易所《上市公司社会责任报告披露要求》	需详细披露污染物、环境事故等议题，与国家标准、行业水平进行比较。用具体数字指标说明现状和提升效果	2021年10月，盐湖股份由于未及时披露四未取得探矿证收到违法采矿行为收到深交所计提环境治理恢复基金的处罚
	证监会《上市公司年度报告和半年度报告格式准则》	重点排污单位的公司或其主要子公司，应当根据法律、行政法规、部门规章及规范性文件的规定披露相关信息；名单之外的公司应当披露报告期内因环境问题受到行收处罚的情况	2019年12月。辉丰股份隐瞒重大环保违法行为收到行政处罚告知书，处以60万元罚款。相关责任人予以警告，合计共处65万元罚款
G	深圳证券交易所《上市公司业务办理指南第2号——定期报告披露相关事宜》	上市公司应当披露能够充分反映公司业务、技术、财务、公司治理、竞争优势、行业趋势、产业政策等方面的重大信息，充分揭示上市公司的风险因素和投资价值，便于投资者合理决策。不得仅以相关事项结果尚不确定为由不予披露	2018年11月，上市公司控股子公司SDHT未披露专利适用授权书，违反规定：深交所对谈公司给予警告，并处以40万元罚款，并对相关责任人给予警告并处罚款

3.ESG表现与国际水平相比仍有提升空间

ESG表现较国外企业相比仍有提升空间。截至2020年，中国上市企业ESG评级达到A级以上的有9%，其中达到最高AAA级的公司只有0.1%；达到B级以上的企业的有72.7%；评级在C的公司有17.9%，而国际企业ESG评级为A以上的公司占比38%；B类评级公司占55%；C类评级仅占7%。对比国际水平，中国上市公司ESG评级A级占比较低，仍有较大提升空间，如表3-4所示。

表3-4 MSCI ESG 评价指标体系与国内上市公司实践对比

MISCI ESG 评级指标框架			国内市值前20上市公司FESG实践
一级指标	二级指标	三级指标	
环境	气候变化	碳排放	披露温室气体排放总量，少数公司按照范围1—3分别测算
		产品碳足迹	未披露或较少涉及
		财务环境影响	未披露或较少涉及
		气候变化脆弱性	部分公司会进行气候应变能力评估或是进行气候风险管理
	自然资源	用水压力	披露具体的用水量以及采取的节水措施
		资源使用	对相应能源及消耗信息进行披露，并披露具体节约资源的措施
		生物多样性和土地利用率	未披露或较少涉及
	污染及废弃物	有害排放与废弃物	对产生有害及无害废弃物均进行核算，并披露减少废物的方案及取得成果
		电子垃圾	未披露或较少涉及
		包装材料与废弃物	根据行业，进行不同程度披露
	环境机遇	清洁技术机会	未披露或较少涉及
		可再生能源机会	在公司运营过程中倡导使用可再生能源，并在发展业务时加大对可再生能源的支持力度
		绿色建筑机会	房地产行业披露较多，部分企业只披露自身办公建筑绿色运营
社会	人力资本	劳工管理	针对雇佣人数、类型和男女比例以及反歧视的相关信息进行披露
		健康和安全	对员工工伤日数进行信息披露
		人力资本发展	对员工的培训与教育等信息进行披露
		供应链劳工标准	考虑其供应商是否存在雇佣童工、强迫或强制劳动等现象，并对其人权政策的相关问题进行评估

续表

MISCI ESG 评级指标框架			国内市值前20上市公司FESG实践
一级指标	二级指标	三级指标	
社会	产品责任	产品安全和质量	详细披露产品回收率或是描述产品质量，少数公司会对产品广告以及标签进行披露
		化学物质安全	未披露或较少涉及
		消费者保护	披露对消费者隐私权保护及采取措施
		隐私和数据安全	披露对客户隐私及自身数据安全保护的具体措施
		健康和人口增长风险	未披露或较少涉及
	利益相关	争议性采购	未披露或较少涉及

案例分析：中国太保致力于将社会责任理念融入公司经营发展，并在ESG方面取得诸多实践成果。2020年该公司围绕服务国家战略，创新具有保险特色的责任投资方式，为环保、新能源、节能、棚户区改造、新基建等领域的项目，提供融资支持。

随着全球投资者对ESG理念的关注度不断提升，ESG投资正在逐渐成为全球的主流趋势。

舟大者任重，马骏者远驰。作为国内领先的综合性保险集团和世界500强企业，中国太平洋保险(集团)股份有限公司（下称中国太保，601601.SH，2601.HK），不仅在高质量发展的道路上行稳致远，还在践行社会责任方面展现国企担当。

成立近30年来，中国太保社会责任版图不断扩大，从关爱弱势群体，到聚焦社会民生，再到服务国家战略，其每一个决策、每一步行动、每一份成绩都与社会责任理念深入融合。为更有效地实施ESG管理，2021年中国太保董事会设立"战略与投资决策及ESG委员会"，下设集团ESG办公室，作为ESG日常工作推进部门。

2021年3月29日，中国太保发布2020年企业社会责任报告，这是公司连续第13年发布社会责任报告。报告全面展示了公司在2020年发挥经济"减震器"和社会"稳定器"功能，积极参与社会管理的各项责任实践，以及在环境、社会和治理（ESG）等方面的作为和成效，传递"而立之年"的中国太保为国家担当、对世界尽责，推动可持续发展的社会责任价值观。

近年来，中国太保围绕成为"行业健康稳定发展的引领者"的战略愿景，将企业社会责任内化为可持续的发展动力，积极服务经济民生、实施精准扶贫。ESG是一种关于环境、社会和治理如何协调发展的价值观。在国际资产管理行业，ESG已经成为一种主流投资理念和投资策略。有分析人士认为，ESG发展理念与中国太保所处保险行业天然的风险保障特性一脉相承，与其坚持长期、坚守价值的战略方向高度契合。

ESG发展理念在全球的关注度持续升温，特别是新冠肺炎疫情带来的诸多不确定性，促使更多企业反思该如何与环境及整个社会更好地连接。

所谓ESG，即环境（Environmental）、社会（Social）、治理（Governance）的简称，这是一种除财务信息外，整合环境、社会、治理多维因素，以衡量企业可持续发展能力与长期价值的理念和实践方式。

ESG对于"什么是好公司"重新界定，其核心是希望探索出一条可持续的发展路径，在商业价值和社会责任之间取得平衡。

一家优秀的企业不应只有良好的业绩增长数据，更要有可持续的发展目光和潜力。ESG提供了新的视角和思维框架，能帮助企业从更高的角度审视自身的品牌定位、战略方向、经营模式、产品形态等。

部分中国企业已经在ESG发展上走在前列。中国太保发布的2020年企业社会责任报告，更为满足ESG管理要求、更加凸显ESG绩效数据、更以客户需求为导向，体现中国太保新发展理念和新发展格局。

《投资时报》获悉，在公司的环境、社会和治理管理制度，最初的"战略和投资决策委员会"董事会已经变成了"战略和投资决策委员会和环境、社会和治理"。风险管理与上海证券交易所的要求，证券交易所，伦敦证交所(London Stock Exchange)等ESG披露要求，以及富时罗素(FTSE Russell)和摩根士丹利资本国际(MSCI)等ESG评级，能够识别气候变化和项目投资等风险，并提供应对措施；围绕主题主题，全面介绍太平洋保险2020年在疫情防控、健康养老、扶贫扶贫、客户体验、成长员工、公司治理、伙伴共赢、绿色发展等诸多重要领域的责任管理和实践创新。

2020年6月，中国太保成功发行全球存托凭证（GDR）并登陆伦交所，成为首家在上海、香港、伦敦三地上市的保险公司。站在国际化发展新平台，中国太保持续完善公司治理，积极打造企业内核，向"行业健康稳定发展的引领者"目标进发。

通过本次发行，该公司成功引入具有成熟实践经验的ESG先行者瑞士再保险集团，加快了中国太保在这一领域布局的脚步。

据悉，未来中国太保将继续发挥作为国内领先险企的优势，在负债端和资产端双向发力，一方面开发ESG相关保险产品，另一方面将ESG融入投资决策流程，真正实现在经营全流程践行ESG理念。

中国太保致力于将社会责任理念融入公司经营发展，并在ESG方面取得诸多实践成果。

根据《投资时报》的有关信息，中国太保集团开展了ESG方面的工作。为了持续增强集团的可持续发展能力，集团董事会近年来全方位的制定了ESG规划，并进行监督、实行与控制。另外，根据上交所、联交所和伦交所发布的与ESG相关的披露要求和管理制度，在我国"十四五"规划的背景下，集团董事会对ESG风险进行识别和评估，促进公司在绿色保险和投资、养老健康服务体系、区域协调发展等重点领域的完善。在制订这些举措的同时，集团董事会改进ESG管理体系，把ESG指标贯彻实施到公司业务过程中，构建了具有明显的太保特色的ESG信息披露机制，这不仅有利于公司与各个利益相关者进行信息的沟通与交流，而且还在一定程度上促进了公司的可持续发展。

在管理架构优化方面，为更有效实施ESG管理，该公司原战略与投资决策委员会变更为战略与投资决策及ESG委员会，进一步明确战略与投资决策及ESG委员会下设集团ESG办公室，作为ESG日常工作推进部门。

在实质性议题审议方面，该公司最终确定适应气候变化、绿色运营、提升客户体验、服务国家战略、精准扶贫等15个关键议题，并评估排列议题，作为ESG披露方向和工作重点。一方面明确环境改善举措，重点关注空气污染物排放量密度、废弃物分流率、能源使用效率和用水密度等四个方面；另一方面，推进战略实施，董事会按照 ESG 相关目标监督进度，推进气候变化、健康养老、项目投资等 ESG 风险识别，形成大健康、农险、巨灾保险等发展规划。

同时，中国太保建立了完善的信用风险政策和信用风险制度，制定了《太平洋资产管理有限责任公司信用评级管理办法》《信用评级方法细则》和《信用评级尽职调查制度》等政策，充分考虑投资项目的外部 ESG 表现、行业特征、内部管理、信用记录等各个方面，回避过剩产能等风险，对符合经济及社会发展、有助于环境优化、有社会责任感的企业予以信用支持。

具体来看，中国太保已实施了大约 762 万名建档立卡贫困户，为贫困地区提供了 3.08 万亿元的保险，太保特色扶贫长效机制成为"太保红"，创建了"太保蓝"公益基金，发起了"关爱老年人"系列公益活动，帮助失忆的老年人保护记忆；职工捐款 1 900 余万元，在青海三江源建设了 1 000 亩生态公益林，"太保绿"为中华水塔保驾护航。

中国太保同时也注重和回应各方的需要。其具体内容有：以技术为动力，提高用户体验；注重长期激励，打造发展平台；优化管理，创造可持续的价值；

在气候变化领域，公司发展和推广指数型保险、巨灾保险，掌握了最新的灾害风险评价技术与手段，以及制订应对方案和培训等。在绿色保险领域，加大对环境责任保险的覆盖范围、建立绿色环保保险制度、促进新能源发展等。在责任投资上，主要面向环保、新能源、节能、棚户区改造、新基建等领域，积极探索以保险业为特征的责任投资模式，为经济、社会转型提供资金支持。

中国作为世界经济复苏的引擎正在迈入新的发展阶段，而 ESG 也将迎来重大发展机遇。迎风而上，中国太保将以 ESG 理念为高质量发展的重要抓手，翻开新的发展篇章。

第四章
酒店行业的 ESG 应用

一、酒店行业ESG应用的理论与实践意义

（一）酒店行业ESG应用的理论基础

1.可持续发展理论

可持续发展理论指的是既保障了当代人民的需求，又保障了以后人民的需求不受到威胁的一种发展，它将公平、可持续和团结作为三项基本原则。可持续发展的目标是全面协调发展和整体发展，即共同发展，包括可持续经济、可持续生态和可持续社会的协调一致。

徐倩（2019）指出酒店是旅游业的重要组成部分，酒店的发展关系到旅游业的可持续发展，随着低碳环保经济意识的发展，各行各业都在发展环保经济，酒店业也在寻求发展绿色经济，绿色酒店与可持续发展相结合是当今酒店业最重要的考虑因素[1]。徐艺维（2020）指出可持续发展是现代社会经济理念的发展趋势，是乡村酒店发展的重要途径。从可持续发展的角度来看，相关员工特别关注乡村酒店[2]。吴菱蓉（2021）认为酒店生命周期对酒店业的竞争力提升起着至关重要的作用，并能够促进酒店业的可持续发展[3]。鲁瑶

---

[1] 徐倩,李薇薇.我国绿色酒店的可持续发展中的策略研究[J].度假旅游,2019(4):232—233.
[2] 徐艺维.可持续发展视角下的乡村酒店发展分析[J].农家参谋,2020(1):31.
[3] 吴菱蓉.基于生命周期设计法的青年旅舍可持续发展研究[J].家具与室内装饰,2021(9):91—95.

（2021）指出人们对环境的可持续性和保护愈发重视，绿色环保的理念正在逐步被广泛普及，并深深扎根于所有生活环境中的人们心中，消费的主要模式正在向绿色消费转变，绿色管理理念与可持续发展战略相结合，可以帮助酒店实现从传统管理模式到新管理模式的转变[1]。

2.利益相关者理论

利益相关者理论是指企业的经营管理者为综合平衡各个利益相关者的利益要求而进行的管理活动。与传统的股东至上主义相比较，该理论认为任何企业的发展都离不开各利益相关者的投入或参与，除了经济上的目标以外，企业也必须承担社会的、政治上的责任。利益相关者包括企业的股东、债权人、雇员、消费者、供应商等交易伙伴，也包括政府部门、本地居民、本地社区、媒体以及自然环境、人类后代等受到企业经营活动直接或间接影响的客体。

蒋术良（2011）指出，目前我国酒店对员工、消费者、合作伙伴、环境和社区及慈善等方面责任缺失明显，主要是因为法律法规执行不力、企业的规避以及市场缺乏秩序造成的，需要通过构建社会责任评价体系予以规范，认为酒店利益相关者是酒店社会责任履行的主要诉求群体[2]。曾惠英（2013）指出，目前国内很多酒店在为股东创造价值时单纯地追求一时的经济利益，出现了忽视对员工的社会责任，顾客利益得不到保障，在对外竞争合作问题上只求眼前利益，漠视政府的一些政策法规，对社区和环境的影响重视不够，慈善和公益水平普遍不高等现象；提出酒店仅考虑对股东负责是远远不够的，还必须承担对其利益相关者社会责任[3]。

鲍黎丝（2018）指出，全球气候变暖的状况日益恶化，对人类赖以生存的自然生态系统以及社会发展都造成了巨大的威胁，而全球旅游业发展态势迅猛，是节能减排的重要阵地，旅游饭店占旅游业碳排放的19%，成为旅游业第二大碳排放源，是旅游业减排的重要环节，进而影响游客、旅游饭店、

---

[1] 鲁瑶.酒店绿色管理与可持续发展战略的融合策略探讨[J].企业改革与管理,2021(3):28—29.

[2] 蒋术良.基于利益相关者的酒店社会责任缺失分析[J].江苏技术师范学院学报,2011,17(7):9—12.

[3] 曾惠英.酒店对利益相关者的社会责任初探[J].经济研究导刊,2013(34):248—249.

饭店业关联企业、当地社区居民和政府等五个核心利益相关者的利益[1]。王敏（2020）指出，《中国企业社会责任研究报告（2019）》显示，2019年中国企业社会责任发展指数与2018年相比呈下降趋势，整体处于起步阶段；社会责任管理和信息披露的能力还可以进一步加强；作为服务行业的酒店企业，其经营与发展与员工、顾客、企业单位、社区公民、环境等利益相关者息息相关，因此酒店积极履行社会责任不仅关乎自身发展，也关乎整个社会的和谐发展[2]。

（二）酒店行业ESG应用的理论意义

近两年来，我国社会各界开始重视ESG理念，而"双碳"背景使得对该理念的追捧愈加火热。金融机构纷纷推出各类ESG主题基金；越来越多的上市公司开始发布ESG报告；政学商各界广泛参与各种形式、各种层次的ESG论坛和研讨会；各大新闻媒体更是持续关注着中国ESG的发展和实践。

诚然，对"ESG"的关注和行动彰显出社会良性发展和文明进步。纷纷举办的各类论坛和研讨会无疑有助于社会各界深刻认识ESG的重要意义，进而对积极推动ESG实践具有极为重要的促进作用。ESG是在企业社会责任基础上发展起来的一个概念。因ESG早期出现在金融机构的投资建议中，即提倡在投资决策中关注企业的ESG表现，所以它首先是一种积极的投资理念。慢慢地，该理念也逐步演化为投资者和企业的一种有温度的价值追求。它倡导公司关注所有的利益相关者而不仅仅是关注股东利益，呼吁投资者以自己的行动促使企业关注并实践ESG，引领政府和社会各界共同推动ESG，一起努力让这个世界变得更为和谐、更加美好[3]。因此，现在以及未来的行业对ESG的应用都会有一定的理论意义。

ESG是一个生态系统，生态系统建设是践行ESG理念的前提条件。ESG生态系统包括企业、投资者、政策制定者与监管机构、第三方服务和研究机构、

---

[1] 鲍黎丝.利益相关者视角下四川旅游饭店低碳行为影响因素及作用机制研究[J].度假旅游，2018(12):73—75.

[2] 王敏，胡佳女.利益相关者视角下酒店社会责任研究[J].现代营销(创富信息版)，2020(3):76.

[3] 九派新闻.环境社会与治理（ESG）本身就是目的[EB/OL].https://baijiahao.baidu.com/s?id=1708718579607414706&wfr.

倡议组织等多元利益相关者。ESG 生态系统的良性循环有利于推动企业可持续发展。所以，酒店行业 ESG 的应用可以督促企业践行绿色发展理念，积极保护环境推动企业自身的可持续发展，更有利于企业能够更好地响应和落实可持续发展政策。历数全世界面临的重大生态问题，荒漠化尤其瞩目。荒漠化是当今世界最大的环境挑战之一，被称作"地球的癌症"。中国作为世界上荒漠化面积最大、受影响人口最多、风沙危害最重的国家之一，也长期饱受生态恶化的困扰。据统计，中国荒漠化土地总面积 261.16 万平方公里，占国土面积的 27.2%。岩溶地区石漠化土地面积为 1,007 万公顷。植树造林，对我国乃至全球，都是行之有效也是迫在眉睫的。所以，广泛的 ESG 应用和实践将为人类实现可持续发展和共同繁荣目标建立范式和路径，为全球合作找到新基础和新连接。

ESG 在国内的发展既需要相关制度的跟进，也需要行业、企业、投资者等市场多方参与，运用智能技术工具和大数据破局。后疫情时代，中国市场将在以国内大循环为主体、国内国际双循环相互促进的新发展格局中进一步开放，国内 ESG 相关监管要求也日趋严格。对于企业而言，落实 ESG 新发展理念，成为一个透明、高效、被外界认可的美好企业任重道远。同时我国 ESG 信息披露缺乏统一的框架和健全的指标体系，甚至一些有意愿披露的企业由于缺少明确的导向而处于观望状态[4]，因此酒店行业 ESG 的应用有助于 ESG 更好地在我国的发展，有助于完善 ESG 信息披露的框架和指标体系。

ESG 的应用有助于提高酒店企业的环保意识，更好地践行绿色发展理念。一方面，为了更好地落实 ESG，企业应努力改造环保技术，促进企业生产技术的优化和现代化；同时，应及时更新环保机械设备，减少污染排放，提高资源效率，使企业能够朝着绿色环保的方向进一步发展。此外，积极宣传环保的理念并提高企业的环保意识，积极推进增长方式转变，走绿色发展、环保之路，使企业在改善环境绩效的同时，进一步提高财务绩效。同时，ESG 的应用也能够强化企业社会责任意识，以此来有助于提升企业核心价值。因此，企业可以从两个维度来下手：第一个维度，企业应积极宣传良好的企业所执

---

[4] 闫星良.企业 ESG 实践——以中国平安和微软公司为例 [J]. 当代经理人, 2021(4):29—33.

行的社会责任、不履行企业社会责任造成的经济损失和社会对积极履行企业社会责任的强烈要求,通过实际案例揭示企业社会责任的重要性。另一个维度,聘请外部专家,培养公司内部管理者的社会责任意识,通过员工的社会责任意识的提高来增加创造良好的企业社会责任氛围。

此外,ESG的应用能够使企业不仅仅只关注股东财富最大化,还会考虑利益相关者的财富,并从利益相关者的角度出发,来赢得利益相关者的忠诚。

ESG的理论基础包括可持续发展理论,利益相关者理论以及委托代理理论,ESG的相关应用可以更好地完善相关理论,有助于更好地理解该理论并最大化践行ESG相关理念。

1. ESG有助于贯彻落实新发展理念,更好地处理经济、自然、社会之间的关系[1]

中国共产党十八届五中全会明确提出,要坚持创新发展、协调发展、绿色发展、开放发展和共享发展的五大新发展理念。ESG着重关注企业的环境和社会绩效,研究、加强ESG的使用是实施新发展理念的关键。

首先,通过ESG对企业环境责任的评估,有利于引导企业实施绿色发展创新理念,鼓励企业开发和采用节能技术,建设资源节约型、环境友好型社会,进而处理企业发展、经济增长和环境可持续发展之间的关系。

其次,通过ESG对企业社会责任的评估,强调了股东、员工、客户、社区和债权人之间的利益平衡,有利于协调和处理好经济发展与社会和谐的关系。

最后,通过ESG对公司治理的评估,有利于完善现代化公司治理,改善股东与经理、监事与经理之间的关系,科学制定和实施战略,协调与利益相关者(包括员工、客户、储户和公众)的关系,促进企业可持续发展。

2. ESG有助于深入推进改革,推动高质量发展

2018年中央经济工作会议指出,"中国特色社会主义进入了新时代,我国经济发展也进入了新时代,基本特征就是我国经济已由高速增长阶段转向

---

[1] 中国碳排放交易网.研究ESG的必要性,有哪些好处和作用[EB/OL].http://www.tanpaifang.com/ESG/2020031469097.html.

高质量发展阶段。推动高质量发展，是保持经济持续健康发展的必然要求，是适应我国社会主要矛盾变化和全面建成小康社会、全面建设社会主义现代化国家的必然要求，是遵循经济规律发展的必然要求。"按照中国共产党第十九次全国代表大会的要求，2017—2020 三年要重点抓好决胜全面建成小康社会的防范化解重大风险、精准脱贫、污染防治三大攻坚战[1]。推动中国经济高质量发展和完成三大攻坚任务正需要研究和推广 ESG。

第一，打好防范化解重大风险攻坚战，重点是防控金融风险。造成今日风险的一个重要原因就在于金融机构及金融投资者行为短期化，过度追逐短期利润。ESG 评价强调兼顾社会责任，其推广有利于向金融机构和金融投资者施加社会责任约束，引导其更加注重短期盈利和社会责任之间的平衡，抑制过度逐利倾向，从而有助于从源头治理金融风险。

第二，打好精准脱贫攻坚战，需要企业（包括金融机构）在获取商业利益的同时，持有强烈的社会责任感，主动关心贫困人群，发挥自己特长帮助其脱困。ESG 评价可以促进企业实质性地提升社会责任，从而有助于为扶贫攻坚增加有生力量。

第三，ESG 评价首要关注的就是企业经营活动对环境的影响，其出发点就是保护环境。通过 ESG 的具体评价指标，可以引导企业进入绿色发展模式，提升治理污染和保护环境的效率。

总之，ESG 与高质量发展和三大攻坚战有着天然的契合关系，推广 ESG 无疑将有力地支持经济转型升级和落实五大发展理念，实现可持续发展。有助于企业部门去杠杆。企业部门杠杆率偏高并快速上升与公司治理不善、财务杠杆自我约束不够息息相关。ESG 强调公司治理的完善以及平衡股东与债权人的利益，有利于引导企业完善公司治理、硬化财务约束，从而抑制杠杆率的进一步上升。

3.ESG有助于推动资本市场健康发展，提高金融服务实体经济效率和支持经济转型能力

多层次资本市场能否健康发展，很大程度上取决于上市公司和机构投资

---

[1] 王晓毅.打好三大攻坚战，乡村环境问题十分关键[J]. 国家治理,2018(18):12—17.

者这两大参与主体。上市公司是资本市场的基石,上市公司的质量好坏和行为导向在很大程度上决定了整个产业、整个经济的未来发展方向。而机构投资者的行为,则直接影响上市公司行为和治理绩效。构建ESG评价指标体系,推广ESG投资理念,可以更有效发挥市场机制,引导上市公司借鉴学习在环境、社会、治理方面最佳实践,规范上市公司行为,推动上市公司践行创新、绿色、协调等发展理念,从而推动资本市场健康发展,更好地发挥资本市场服务实体经济和支持经济转型的功能。

(三)酒店行业ESG应用的实践意义

ESG,即环境、社会和治理,包括信息披露、评估评级和投资指引三个方面,是社会责任投资的基础,是绿色金融体系的重要组成部分。环境指标E中包含的碳排放量等多项节能减排指标,是衡量企业在"碳中和"方面的重要考量方式。同时,在我国碳金融市场尚处起步阶段,ESG投资产品的国际化特点也可以为市场提供低碳发展、更是"碳中和"战略目标实现路径的有效补充。因此,酒店行业ESG的应用也有一定的实践意义。

1.促进绿色转型的主要动力是ESG

在政策制定和实施过程中,设立符合当前绿色经济转型的目标,有利于有效调整传统产业结构,发展碳排放,促进碳中和目标的实现。

从可持续发展的角度来看,ESG在决策过程中应从3个维度考虑:提高环境质量、环境效益和社会经济效益,发挥政策导向作用,进一步促进绿色发展和产业转型。

从监督与管理的角度来看,一方面将ESG纳入行业标准可以改善ESG性能,提高能源效率,减少碳排放,消除风险;另一方面,监管者的全面监管作用和ESG披露标准的建立也是提高碳中和效率的重要途径。

2.碳中和目标达成的基本保障是酒店行业ESG的应用[1]

在企业层面,ESG可以有效、全面地衡量企业应对气候变化和实现碳中和目标的能力,并为实现碳中和目标提供基本条件。

---

[1] 中国碳排放交易网.ESG促进碳中和发展的相关思考[EB/OL].http://www.tanpaifang.com/ESG/2021031777112.html.

从公司战略的角度来看，碳中和不仅使公司能够承担环境和社会责任，而且使节能减排成为公司战略的一部分。将发展理念融入企业规划和组织管理体系建设，将有助于企业与其利益相关者建立可持续发展理念，同时满足企业发展的预期和需求。实现环境管理小组的工作目标和气候变化管理措施，以实现公司碳中和的长期愿景。

从公司运营角度来看，ESG将帮助企业在节能、减排、环保等方面实现碳中和。企业可以通过科技手段促进碳中和。此外，业绩较好的公司可以获得利益相关者更多的信任，信用质量较好的公司也可以在一定程度上扩大融资渠道和成本。

3.ESG与酒店行业践行绿色发展理念相契合

近年来备受瞩目的 ESG 是环境、社会和治理（Environmental, Social and Governance）的英文缩写，由曾经传统的企业社会责任中发展而来，是一种衡量企业综合管理水平、风险管控能力和中长期发展潜力的综合标准，可以作为衡量资本市场高质量、金融机构可持续发展的全面框架，已经成为全球金融市场的必要参考因素[1]。

同时，"十四五"规划要求，中国将在2030年前年实现"碳达峰"，在2060年前实现"碳中和"。中国环境联合认证中心认证的第一家"碳中和"酒店已经产生，实现"碳中和"将是未来酒店行业发展必须重视的新趋势。实现"碳中和"不仅是一种社会责任，从长远来说也是面对不可再生能源日益枯竭以及采用可再生能源改善对石油依赖，最终实现战略结构调整的国家大计，同时降低温室气体的排放，减缓全球气候变暖。可以说，实现碳中和将是未来国内各行各业发展的一个重要方向和目标。

此外，国务院印发《关于加快建立健全绿色低碳循环发展经济体系的指导意见》，倡导酒店、餐饮等行业不主动提供一次性产品，倡导生态低碳生活方式，鼓励节约，杜绝浪费，强化全方位的塑料污染。作为城市的"窗口"，酒店业在实施绿色发展方面做了许多有益的尝试，改文件的发布毫无疑问将

---

[1] 李文，顾欣科，李灿权.ESG助力企业和金融体系可持续发展[J].可持续发展经济导刊,2021(C2):101—103.

进一步推动绿色发展理念在酒店业的落实。

2019年7月1日,《上海市生活垃圾管理条例》正式施行,条例规定,上海酒店不再自愿提供鞋擦、牙刷、梳子、剃须刀和指甲锉等一次性产品。据上海市文化市场执法部门统计,市、区级文化执法机构共开展旅游住宿执法现场检查1557次,合格率94%。

2020年,北京、天津等地也相继实施了"宾馆不再主动提供一次性用品"的规定。

2020年9月,江西省文化和旅游厅下发《江西省文化和旅游厅关于在全省旅游星级(绿色)饭店开展塑料污染治理工作的通知》,并确定目标任务:有效控制塑料污染,2025年的一次性塑料制品的使用量为2020年的一半左右。

2020年10月,根据国家发展改革委、生态环境部印发的《关于进一步加强塑料污染治理的意见》和国家发展改革委等九部门联合印发的《关于扎实推进塑料污染治理工作的通知》相关要求,上海市印发了《上海市关于进一步加强塑料污染治理的实施方案》。2021年1月1日上海试点"禁塑令"。

2020年11月,北京市发展和改革委员会、北京市生态环境局也联合发布了《北京市塑料污染治理行动计划(2020—2025年)》(征求意见稿),提出聚焦餐饮、住宿、会展等六大重点行业强化减塑力度,严控一次性塑料制品向自然环境泄露。

2021年,《陕西省商务厅关于落实商务领域塑料污染治理工作的通知》(简称《通知》)下发。《通知》要求:各市(区)餐饮领域禁止销售和使用不可降解一次性塑料餐具和吸管。到2025年底,各市(区)星级宾馆、酒店等场所不免费不主动提供一次性塑料用品。到2025年底,所有宾馆、酒店、民宿等场所不免费不主动提供一次性塑料用品,可通过设置自助购买机、提供续充型洗洁剂等方式提供相关服务。因此,ESG的应用与推进能够推动可持续发展,能够促进企业从自身经营管理出发,促进企业节能减排,绿色环保,为减缓气候变化贡献力量,为"碳中和"目标的实现付出努力,进而酒店行业ESG的应用能够与酒店行业践行绿色发展理念相契合。

4. 优秀的ESG表现能够为酒店行业带来更好的经济效益

2020年新冠疫情在全球蔓延，冲击全球经济。投资人对ESG的关注不断提升。各国在制定疫后复苏计划时，已经开始强调将可持续、绿色等目标和议题作为经济刺激政策的重要考量。在联合国环境署金融倡议组织(UNEP FI)的倡导下，"可持续保险原则"(Principles for Sustainable Insurance, 简称PSI)于2012年在联合国大会上正式启动，ESG正发展成为全球范围内评估一家上市公司是否具有投资价值的主要标准，已被全球多家投资机构纳入评价体系中。中国的3060碳中和碳达峰目标在为酒店行业创造新机遇的同时，也为传统的模式提出了挑战，因此对于积极投身可持续转型的酒店行业，未来的增长空间较大，具有投资价值。而优秀的ESG表现可能能够为企业赢得更好的投资机会，进而能够为企业带来更好的经济效益[1]。同时，ESG也是连接企业与社会的纽带，能帮助追求社会利益最大化的企业实现同步发展。

5. ESG的应用有助于酒店行业赢得资本市场的青睐

ESG是一种关注企业环境、社会和治理的投资理念。这是投资者在投资时用于衡量企业的可持续性和环境、社会影响所关注的3个核心因素。ESG的应用场景就专注在环境、社会、治理这3个方面。所以，ESG让企业的行动更聚焦在3个特定的领域，且更受到资本市场的关注，并且强调的是可量化。ESG使得企业的3项努力变得可衡量，是一种定量。例如，公司正致力于使用可持续的材料以减少塑料污染，按照ESG则要求在此基础上制定可衡量的目标，例如在一年内替换所有的塑料包装，并种植100万棵树。因此，对企业来说，着手专注于ESG领域的建设和行动，并发布ESG报告有助于赢得资本市场的青睐，也能促使企业的社会价值得到更多利益相关者的认可。

6. ESG的应用有助于提升企业形象，获得消费者的认可

ESG的应用能够让酒店行业中的企业更积极地去做出一些努力，例如更积极主动地为减少环境污染作出努力，更好地履行该承担的企业社会责任等等，进而ESG表现优异的企业可以有助于提升企业形象，获得消费者的认可，进而也会带来一定的收益。在历史上，"利他"这个商业观念的形成并非一

---

[1] 王贺佳.ESG评级对企业绩效影响研究文献综述[J].现代企业,2021(9):86—87.

帆风顺。18世纪末期，西方的一些小企业主最先出现了"利他"的思想，他们开始捐助学校、教堂与穷人。但进入19世纪以来，两次工业革命让生产力飞跃，以及二战的出现，这个时候整个社会动荡不安，企业竞争开始加剧，然后就出现了"社会达尔文主义"思潮的影响。"社会达尔文主义"主张的恰恰是"利己"，也就是人类社会存在着优胜劣汰、适者生存的法则，凡事都要以己为先。"利己"的生存法则，一直持续到20世纪80年代，才出现了企业社会责任的相关运动。这种思潮下要求企业不只关心利润，也要关心环保、劳工、人权等方面要求。在这一阶段，很多欧美跨国公司开始制定了企业的社会责任。进入2000年后，国内的企业也开始注重自身的企业社会责任。

如果仔细比较下时间会发现，"社会达尔文主义"思潮影响了人类近一个世纪，而开始关注企业社会责任，不过短短的30年而已。所以在很长一段时间里，"利他"其实是不被重视的，至今流行的商业逻辑仍然是：追求利润至上、高回报、快增长。然而近年来，新的商业趋势已经出现。

在企业社会责任之后，一个崭新的商业概念出现了，它就是ESG，即环境（Environmental）、社会（Social）和治理（Governance）。

这个概念最初起源于联合国，但在投资领域受到广泛重视，是社会责任投资（Socially Responsible Investment）中最重要的三项考量因子，它要求投资者不仅要考虑一个企业的财务回报，更要综合考量这个企业在环境、社会、治理三大要素的具体表现，要兼顾和平衡投资的经济回报与社会影响。

显然，ESG的逻辑是"利他"，且这里"他"的涵盖面也更广了。ESG中的"利他"，不仅仅指消费者、客户，而是包括环境、社会、治理这三方面在内的一个完整体系。

目前，ESG正受到越来越多全球化知名企业的关注，它们会发布ESG报告，且这个发展趋势也正在进入中国市场。因此，ESG的应用使得企业从利润至上的观念中，思考如何与社会、环境、员工等公司治理之间做出平衡，赢得双方共赢，提升企业形象，获得消费者认可。

7. 酒店行业ESG的应用有助于我国酒店企业更好的发展

据了解，在新浪财经ESG评级中心联合CCTV-1《大国品牌》发布的"中国ESG优秀企业500强"名单中，涉及酒店业的仅有锦江酒店、万科、碧桂园服务、雅生活服务、招商蛇口五家企业，占500强企业的1%。

而由上海报业集团和界面新闻联合发起的2021"ESG先锋60"评选中，获得年度企业ESG实践奖的酒店集团有复星旅文、美团、同程旅行，获年度环境责任优秀奖的仅有首旅如家酒店集团一家。同时，随着中国经济步入新阶段以及监管层面对于资本的约束，越来越多的企业和投资者将企业的长远利益放在首位。所以，酒店行业ESG的应用可以有助于该行业更好的发展。但是，相比欧美市场，本土酒店集团在ESG的应用上还处于起步阶段，所以，我国酒店行业在ESG的应用上还有很大的进步和完善的空间。在未来还应该不断推广ESG的应用并落实ESG相关理念，促使酒店企业得到更好的发展，朝着中国ESG优秀企业500强前进。

8. 酒店行业ESG的应用可以提升企业诚信度，从而降低企业整体运营风险

酒店行业ESG信息披露可以对企业和利益相关者具有双向促进作用，并帮助企业建立稳健的利益相关者生态圈，助推我国酒店行业实现高质量发展，定期的ESG披露可以倒逼企业增强自身责任感和使命感，助力企业不断向前发展，并提升企业的诚信度，进而来降低企业整体的运营风险。

9. ESG的应用可以帮助酒店行业从更高角度审视自身[1]

2021年是"十四五"开局之年，也是资本市场迈向高质量发展的重要机遇期。资本市场改革走向纵深，北京证券交易所横空出世，服务实体经济，促进产业优化升级，推动上市公司高质量发展等已经成为时代的主旋律。

为了满足社会发展的需要，提出了ESG理念。企业所进行的规范治理、注重环境保护、履行社会责任等方面的活动和行为，对企业的高质量发展具有重要意义。显然的是，ESG已经成为一项衡量企业高质量发展程度的特殊指标，能够反映企业的高质量发展，也是企业价值观的直接反映。ESG对于

---

[1] 时代周报.新五丰董秘罗雁飞：ESG帮助企业从更高角度审视自身[EB/OL].https://baijiahao.baidu.com/s?id=1716820180198116204&wfrr.

企业来说是一种信念，ESG理念在企业经营管理中的整合和运用，有助于企业为社会创造更长远的价值，使企业在ESG理念的指引下提升其可持续发展能力。ESG从新的角度和思维框架出发，帮助企业从更全面和更优的维度审视自身，如市场定位、运营模式、企业战略等。因此，把ESG理念应用到酒店行业将会使酒店行业全方位审视自身，发现自身的竞争优势和劣势，并以此有针对性的完善和改进自身，进一步实现高质量发展。

10.ESG理论体系符合酒店行业企业价值最大化的根本需求[1]

（1）ESG多维度衡量企业可持续性

现代企业坚持可持续发展战略，即在追求经济利润的同时，综合考虑治理结构中环境和社会绩效的相关内容，主要包含三个层面：效率与价值、推动进步和承担责任。环境、社会和治理（ESG）是衡量公司或企业的可持续性的三个核心因素。环境（E）方面，ESG通过定性定量指标衡量公司是否采取节能减排措施、是否披露改善能源和水资源效率的量化信息等内容。社会（S）绩效部分，则根据企业慈善、扶贫、社区等社会参与过程，集中反映企业的社会责任履行程度。治理（G）则包含外部监督、风险管理等企业长期价值创造的保障措施。

（2）ESG保障利益相关者的权益

利益相关者识别和显著性理论表明，ESG信息披露在不同企业周期阶段与利益相关者的基本属性存在不同程度的联系。ESG体系通过考虑环境、社会和治理等非财务因素，保障利益相关者的基本权益。企业的利益主体，包括股东、债权人、员工、政府机构等，ESG整体框架的三大领域分别围绕利益相关者权益展开。环境层面包括严格遵守环保部门监管要求、倡导绿色出行；社会领域多涉及企业员工的薪酬、培训与满意程度，产品质量和消费者的反馈意见，供应商的合作与沟通等内容；治理方面主要涵盖公司高管、股东的参与程度，企业信息透明度等内容。

---

[1] 友绿智库.2019美国商业圆桌会议：实行ESG战略是现代企业发展的根本诉求[EB/OL].http://www.igreen.org/index.php?m=content&c=index&a=show&catid=15&id=13012.

（3）ESG 水平与企业表现正相关

ESG 绩效与公司财务绩效存在长期、稳定的正相关关系[1]。Xueming Luo 在 2006 年为 ESG 绩效与公司财务绩效的正相关找到了被广泛认可的解释。他认为，企业通过加大在 ESG 三个维度中一个或多个维度的投入能提升公司财务绩效和市场估值。Beurden and Gössling 统计了自 1990 年至 2008 年发表的有关 CSR 和财务绩效的期刊文章，结果显示，68% 的文献表明 CSR 和财务绩效呈现显著正相关。Friede、Busch and Bassen 2015 年统计了自 19 世纪 70 年代以来 2200 余篇关于 ESG 绩效与财务绩效相关性的研究，其中 90% 的文献论证 ESG 绩效与财务绩效呈现非负相关。

中财绿金院在实证研究报告《中国上市公司 ESG 表现与企业绩效相关性研究——基于两个评估体系的设计与实证》中，基于 2012—2017 年共 6 年的沪深 300 绿色领先股票数据和 2015—2016 年共 2 年沪深 300 ESG 领先股票数据，借鉴国际顶级期刊的学术研究方法，对上市公司 ESG、绿色表现和股票收益率、公司市净率、市盈率、股票风险之间的关系进行了实证研究，同样证实了 ESG 水平与企业绩效表现正相关的主要研究结论，如表 4-1 所示。

表4-1 中国上市公司ESG表现与企业绩效相关性研究主要实证结论汇总

	样本	结论
1	沪深300ESG领先指数成分股	沪300ESG领先指数投资收益高于沪深300指数
2	沪深300ESG领先指数成分股	以ESG分数前100的股票作为投资组合，其投资收益率与ESG、E、S和G均呈现正相关
3	沪深300成分股	制造行业公司的ESG绩效和公司市净率、市盈率呈现正相关
4	沪深300绿色领先指数成分股	沪深300绿色领先股票的投资组合收益高于沪深300投资组合收益
5	沪深3000绿色领先指数成分股	在金融行业，绿色绩效与公司的市净率，市盈率呈现正相关
6	沪深300成分股，沪深300制造业成分股	上市公司ESG绩效与股票风险呈现负相关，这一结论在制造业格外显著
7	沪深300金融业成分股	在金融行业，上市公司绿色表现与系统性风险系数(Beta)呈现负相关

资料来源：中央财经大学绿色金融研究院

---

[1] 任紫娴,顾书畅,杨雨竹等.ESG表现与企业财务绩效关系实证研究[J].经营与管理,2021(11):26—32.

可持续发展战略是现代企业寻求长期存续的基础，这就要求企业摒弃只崇尚股东权益最大化的固有思维、融合利益相关者理论、协同多方资源以实现企业价值最大化，这一点在中国尤甚。中国社会主义市场经济是多种所有制共同发展的经济制度[1]，其内在特征为共同富裕。因此，以委托代理理论为背景的"股东至上"原则并不能完整诠释中国企业的核心发展理念。公司所有权结构是公司治理制度安排的核心与基础，这就要求中国企业在发展过程中时刻关注社会各阶层利益相关者的切身权益。基于此，中国特色社会主义经济体制的本质内涵决定了企业利益相关者财富最大化的普适性与自洽性。与此同时，中财绿金院有关中国上市公司ESG表现与企业绩效相关性的实例研究证实了两者的正相关，论证中国ESG理论发展的必要性。环境（E）、社会（S）和治理（G）理论体系兼具环境可持续性与社会责任属性，多维度地保障企业利益相关者的基本权益，切实符合企业价值最大化的根本需求。综合来看，现代企业实行ESG战略是实现可持续发展的根本诉求。

11.ESG的应用有助于酒店行业更好的创新和转型

从ESG实践的理论出发点，从更宏观的角度，评价企业现在面临挑战和机遇，以便企业做出调整和创新，制定长期规划，最终的目的是提高企业的生存能力和盈利能力，让企业获得更好、更长远的发展，也可以促进社会的可持续发展[2]。同时，经济的发展和社会的进步离不开与现有环境建立起的友好关系。所以，ESG的应用能够促使企业转变思维观念和发展模式，有助于企业更好的创新与转型，并越来越重视实现可持续发展，且这对于推进中国生态保育有着非常重要的意义。

二、酒店行业标准的发展演变

（一）酒店行业标准的简介

酒店行业由提供过夜住宿的公司组成，包括酒店、汽车旅馆和旅馆。这

---

[1] 冯闻洁.发挥社会主义市场经济制度优越性刍议[J].兵团党校学报,2020(2):87—91.
[2] 陆铭.建立和完善我国上市公司ESG信息披露制度的实践及对策[J].科学发展,2021(10):33—39.

是一个竞争激烈的行业，主要由大型连锁酒店组成，客户在其中做出购买决定的因素很多，包括服务的质量和一致性，位置的可用性，价格以及忠诚度。业务通常以以下一种或多种方式进行组织：酒店服务的直接收入，包括房租以及食品和饮料销售；管理和特许经营服务，物业管理费收入；度假住宅所有权以及住宅销售收入。

酒店和住宿业可持续发展会计标准（"标准"）的发布标志着该行业乃至全球资本市场的重要里程碑。它是第一个旨在帮助酒店行业的公司向投资者披露财务上重要的，对决策有用的可持续性信息的标准。经过广泛的标准制定过程，《酒店与住宿业标准》于2015年6月以临时形式首次发布。临时标准发布后，SASB员工在SASB标准制定委员会（"标准委员会"或"SASB"）的指导下，进行了进一步的正本修订程序。2018年10月，标准委员会批准了对标准的修订。随后，标准委员会投票通过了《酒店与住宿业标准》，从而将其纳入SASB为之制定并发布了行业标准的77个行业之一，如表4-2所示。

表4-2 酒店行业标准主要发展过程

时间	主要内容
2015年6月	《酒店与住宿业标准》这个临时标准发布后，SASB标准制定委员会进行了进一步的正本修订程序
2018年10月	SASB投票通过了《酒店与住宿业标准》，从而将其纳入SASB行业标准的77个行业之一

（二）酒店行业标准的主要内容体系

1.酒店行业可持续发展披露主题和会计指标

《酒店与住宿业标准》共包含了4个议题，分别是"能源""水管理""生态系统保护与气候适应"以及"公平劳动惯例"，如表4-3所示。首先，议题中能源和水管理与酒店业有关，因为它们消耗和依赖的资源相对较多。能源价格大幅上涨或水供应减少可能会严重影响公司的财务业绩，甚至影响其运营能力。通常存在与能源和水相关的不同的可持续发展影响，管理实践以及最终的财务影响。节约和效率是降低与能源和水相关的成本的重要方法；但是，管理与能源和水相关的财务风险和机会的其他方法和策略也有所不同，并且跟踪和监视也有所不同。所以，将"能源与水管理"临时披露主题及其相关度量分为两个单独的主题："能源管理"和"水管理"，从而提高了对行业标准的遵守程度。

其次，议题中生态系统保护与气候适应重点关注酒店运营对敏感生态系统（如珊瑚礁和自然保护区）的影响以及酒店财产暴露于与气候变化趋势相关的恶劣天气中。该行业中的公司依赖保留并可以访问的生态区域，以吸引游客并创造收入。管理与生态影响和气候变化适应相关的金融风险和机会的方法和策略不同，跟踪和监控也不同。此外，不同的因素也会影响与生态有关的风险和与气候变化有关的风险的严重性。酒店与住宿行业的公司经常将气候与生态系统保护和生物多样性分开。投资者通常还使用CDP的信息或与气候相关的财务披露特别工作组（TCFD）进行协调，由投资者分别评估生物多样性和气候，并由诸如美国环境保护署（EPA）。所以，将"生态系统保护与气候适应"临时披露主题及其相关度量分为两个单独的主题，即"生态影响"和"气候变化适应"，从而提高了对SASB的遵守程度。

最后，议题中还包括公平劳动惯例以及3个相关的量化指标，议题描述了公司对其人力资本的管理，包括遵守法律以及与薪资和福利有关的国际公认准则和标准。关于工资，暂定标准SV0201-08包括酒店员工的平均小时工资和获得最低工资的酒店员工的百分比。临时指标的技术协议指出，这些定量指标均应按地区报告，但该指标的文字尚不清楚这两个指标还是仅按小时计的平均工资；关于员工管理方面，其中大多数是女性和少数族裔，相关指标描述了与此相关的单个公司的业绩。具体而言，临时指标SV0201-06记录了住宿员工的离职率，SV0201-07记录了与违反劳动法相关的罚款和和解，最后，SV0201-08提供了公司可以按地区披露其小时工资分配的框架；由于缺乏有关防止工人骚扰，检测事故和纠正事故后果的政策和计划的公开信息，因此临时指标可能无法提供减轻风险的代表。增加定性指标，使公司可以讨论其在此问题上的领导地位，从而提高了指标的完整性，在与现有的相关指标结合使用时，为投资者提供了更具决策性的披露信息集，从而更好地实现了该标准的核心目标话题。表4-3简明介绍了酒店行业的披露主题和会计指标。

表4-3 行业通用具体披露指标的具体内容

议题	会计指标	类别	测量单位
能源管理	（1）消耗的总能源	定量的	千焦（GJ），百分比（％）
	（2）百分比的电网电力		
	（3）可再生能源百分比		
水管理	（1）抽水总量	定量的	千立方米（m³）
	（2）用水总量，基线水压力高或极高的区域中每个水的百分比		百分比（％）
生态影响	（1）位于受保护的保护状况或濒危物种栖息地或附近地区的住宿设施数量	定量的	数
	（2）描述保护生态系统的环境管理政策和做法服务	讨论和分析	n/a
劳工惯例	（1）住宿设施员工的自愿和非自愿离职率	定量的	率
	（2）因违反劳动法而提起的法律诉讼造成的金钱损失总额	定量的	报告货币
	（3）按地区划分的平均小时工资和获得最低工资的住宿设施员工的百分比	定量的	报告货币，百分比（％）
	（4）说明防止工人骚扰的政策和计划	讨论和分析	n/a

2.ISO在酒店行业中的应用

全球宾馆酒店业积极推行的绿色宾馆酒店活动，体现ISO14001管理体系国际标准所倡导的环境管理，预防污染，节能降耗的宗旨，在宾馆酒店业实施ISO14001管理体系认证已成为一种趋势。与以往的行业标准不同，ISO14001管理体系是一套科学的管理性标准，适合于任何类型的组织。ISO14001与ISO9000标准有很强的兼容性，一个通过ISO90000认证的酒店将非常容易的建立ISO14001环境管理体系。ISO14001标准对组织的环境表现没有提出绝对的要求，仅强调组织的活动符合环境法律法规。通过建立环境管理体系，识别组织活动和服务中的环境问题，推行全过程控制和清洁生产，最终实现污染预防、节能降耗、达到企业的永续经营。ISO14001管理体系标准将环境管理体系的要求分成17个要素来描述，当宾馆酒店的活动符合17个要素的规定时，说明已基本符合ISO14001管理体系标准认证的要求。ISO14001标准遵循了由Chailes Demiry提出的PDCA管理模式：策划（Plan）、实施（Do）、检查（Check）和改进（Action）四个阶段，建立ISO 14001环境管理体系和进行ISO14001管理体系认证时，均遵循PDCA的管理要求。

酒店是人类社会环境的一个重要组成部分，酒店的经营与发展在一定程度上受到环境问题的影响[1]。为了实现宾馆酒店的可持续发展，越来越多的宾馆酒店开始意识到环境管理的重要性，ISO14001标准的颁布，为宾馆酒店业实施环境管理提供了一套科学的管理方法。从导入ISO14001环境管理体系到进行ISO14001认证，可以调动宾馆酒店环境管理的积极性和主动性，提高宾馆酒店的管理水平，树立优秀企业形象，从管理上和系统上确保宾馆酒店持续有效地开展环境管理工作。1997年香港港岛香格里拉大酒店成功获得ISO14001管理体系认证证书，为宾馆酒店业推行ISO14001标准提供了宝贵的经验，目前我国也有不少宾馆酒店正在积极建立ISO14001管理体系环境管理体系，并感受到推行ISO14001环境管理体系带来的效益。

（三）酒店行业标准对中国ESG披露标准制定的启示

对于中国酒店企业来说，想要追赶上前面的国际酒店军，并不容易。所以，借鉴国外酒店行业标准，结合本国的特点，应该着重注意以下两点：

第一，结合中国国情，在制定ESG标准时多重视社会责任部分。对于刚进入ESG赛道的酒店军来说，容易会出现的问题是过分关注ESG投资与回报之间的相关关系，忽略投资背后对改善社会公平正义和生态环境的真正意义。ESG存在的意义不仅仅是为投资人献上一份更全面的参考答卷，对于顾客、酒店所有者及加盟商、员工、供应商、当地社区居民和行业协会等利益相关

---

[1] 魏卫,陆良冰,黄杜佳.酒店环境行为对酒店绩效的影响研究[J].旅游研究,2016,8(5):75—85.

者来说[1]，每一类议题对应的群体都将在ESG投资之下受到影响。公平对待酒店住客、员工和上下游利益相关者以构建一个更加正义的社会，使用清洁能源技术、减少温室气体排放、节约资源耗用以构建一个更加绿色住宿环境，符合法律法规、商业伦理、社会道德以构建一个更加具有引导价值的酒店企业，是需要付出努力的。酒店企业需要意识到，基于ESG理念首先应当考虑的是通过市场化手段发挥积极的社会和环境影响，其次才是获取合理的回报，而不是超额的回报。

第二，在制定ESG标准的过程中多考虑人的因素。随着酒店行业员工离职现象的增多，如果某些酒店一直处于招聘状态，急需各岗位人才，在注重ESG因素的投资人眼里，该企业是否在内部管理晋升机制、人才发展激励机制和培训体系上存在潜在的风险。纵观那些获得高ESG评级的酒店企业，建立多元、包容和平等的环境是它们的标配。尤其对于目的地酒店来说，推动员工本地化进程帮助的是能够与不同社区产生相关联，具备更深入的在地化特征。在此良性的工作环境之下，再逐步实现员工关怀和人才发展的战略，例如复星旅文旗下的Club Med人才大学、洲际旗下的IHG英才培养学院等等。酒店离不开顾客，更离不来为员工提供品质服务的员工。中国酒店企业可持续发展那道"坎"，在人身上。缺乏梯队人才和薪酬普遍低下，都是亟待解决的问题。倘若无法消除招工难、留工难等困境，在未来即使进入ESG的赛道，也同样搭建不起内部的管治架构，落实后续的ESG工作实践。

---

[1] 刘兴. 境内外ESG投资发展比较及其对上海的启示[J]. 科学发展, 2021(12):55—61.

第五章
酒店行业的 ESG 披露探索

一、酒店行业ESG披露的政策背景

我国出台的与该行业相关的政策是行业发展的风向标，对于行业的发展策略来说具有全局性、长期性和战略性意义，因为我国政策是针对我国国情制定的，是经过了各时期各阶段的历史和实践的考验，能反映社会现实，是符合我国企业发展道路的，行业的行为以及行业 ESG 标准的制定应围绕国家政策进行。卢梦佳（2021）指出针对所研究的行业的特性，我国出台的与该行业相关的一系列政策，是有着一定积极正向的引导的，会促进行业继续走高效、绿色、可持续、健康发展的道路[1]。

党的十九大以来，党和国家出台了一系列政策文件，将生态文明建设放在突出地位，将经济可持续性和环境永续性结合起来，实现经济发展与自然环境的和谐统一[2]。2020 年"十四五"规划会议提出，生态文明建设要实现新进步，推动绿色发展，深入实施可持续发展战略。另外今年市场监管总局对于应对气候变化、推动创新、确保健康的生活方式等可持续发展目标，发布了一批重要国家标准。由此可见，我国总体政策对 ESG 的重视度越来越高，而该行业有关 ESG 的体系还不够完善，通过对我国出台的政策和市场监

---

[1] 卢梦佳.浅谈国家政策对化工行业的影响和未来发展趋势 [J]. 今日财富,2021(18):1—3.
[2] 黄承梁.新时代中国生态文明建设新的历史方位 [J]. 中国发展观察,2022(1):15—18.

管总局等相关部门政策的梳理，可以帮助把握整个行业市场的发展趋势，分析行业在当前市场下长期生存的必要条件，从而制定与市场发展相适应的行业ESG标准，以使行业能在此标准下实现自身经济发展与社会可持续发展相统一。

中国住宿业作为旅游业的重要支柱之一，受新冠肺炎疫情影响，发展形势受到阻碍[1]。国家新出台与修订的行业主要法律法规与产业政策以促进行业保持良好有序发展的目的为主，不存在对行业或行业内企业重大不利影响的变化。2018年9月国务院办公厅颁发《完善促进消费体制机制实施方案（2018—2020年）》，鼓励发展租赁式公寓、民宿客栈等旅游短租服务；推进经济型酒店连锁经营，鼓励发展各类生态、文化主题酒店和特色化、中小型家庭旅馆。以下是对中国住宿业的政策梳理，如表5-1所示。

表5-1 中国住宿业政策梳理一览表

时间	部门	政策	政策意义
2009	中国旅游饭店业协会	《中国旅游饭店行业规范》（2009年修订）	对酒店行业的入住、收费、酒店提供的额各项服务等事项做出规定
2010	住房和城乡建设部	《商品房屋租赁管理办法》（2010年修订）	明确出租人和承租人的权利与义务，并以合同的形式签署协议
2010	中国旅游饭店业协会	中国饭店管理公司运营规范（试行）	对饭店管理公司的实体规范、委托管理规范、特许经营规范、咨询管理规范、契约关系等做出规定
2011	国务院	《旅馆业治安管理办法》（2011年修订）	规定申办旅馆的条件以及旅馆经营者需要承担的义务与责任
2013	全国人大常委会	《中华人民共和国消费者权益保护法》	提出经营者应当保证其提供的商品或服务符合保障人身、财产安全的要求
2015	国务院	《关于加快发展生活性服务业促进消费结构升级的指导意见》	提出积极发展绿色饭店、主题饭店等细分业态，推动住宿餐饮企业开展电子商务，实现线上线下互动发展
2016	国务院	《国民经济和社会发展第十三个五年规划纲要》	推动生活性服务业融合发展，鼓励发展针对个性化需求的定制服务
2016	住房和城乡建设部、国家发展和改革委员会、财政部	《关于开展特色小镇培育工作的通知》	引领带动全国小城建设，不断提高建设水平和发展质量

---

[1] 宗平,苏英洁.新冠疫情对我国住宿业的影响及其对策分析[J].全国流通经济,2020(16):18—19.

续表

时间	部门	政策	政策意义
2016	国家卫生和计划生育委员会	《公共场所卫生管理条例》（2016年修订）	设计并实施卫生许可证制度，并建立单位从业人员卫生知识培训与考核制度
2017	公安部	《旅馆业治安管理条例（征求意见稿）》	明确经营旅馆须遵守国家法律法规，并健全各项安全管理制度
2017	国家食品药品监督管理总局	《食品经营许可管理办法》（2017年修订）	规定从事食品销售和餐饮服务活动应依法取得食品经营许可证
2017	国家卫生和计划生育委员会	《公共场所卫生管理条例实施细则》（2017年修订）	指出公共场所经营者应遵守有关卫生法律，开展公共场所卫生知识宣传
2018	国务院	《关于促进全域旅游发展的指导意见》	鼓励各类市场主题投资旅游业，促进旅游投资主题多元化
2018	国务院	《关于完善促进消费体制机制进一步激发居民消费潜力的若干意见》	鼓励住行消费、文化旅游消费、绿色消费
2018	国务院	《完善促进消费体制机制实施方案（2018—2020年）》	鼓励发展租赁公寓、民宿客栈等旅游短租服务；推进经济型酒店连锁经营，鼓励发展各类生态、文化主题酒店和特色化、中小型家庭旅馆

二、酒店行业ESG披露的实践背景

（一）行业焦点

要制定适合该行业的ESG标准，就需要深入了解该行业的各个方面，了解该行业可以通过搜索阅读专业咨询机构和国家机构公开的行业报告、行业新闻等与该行业相关的信息。行业报告是通过国家政府机构及专业市调组织的一些最新统计数据及调研数据，根据合作机构专业的研究模型和特定的分析方法，经过行业资深人士的分析和研究，做出的对当前行业、市场的研究分析和预测，能够准确反映行业的发展现状[1]。行业新闻即报道各行各业生产、经营、发展等方面的新闻，能体现行业新的特点、新的变化和新的趋势，能体现行业独有的、区别于其他行业的特征，提供及时、权威的行业信息和

---

[1] 张贺,常泽军,章卫兵.论行业年度报告的策划出版——以《国内外油气行业发展报告》为例[J].出版参考,2020(5):64—66.

资讯[1]。由官方机构发布的行业报告和行业新闻等信息，如行业年度报告、行业发展报告、行业年度十大新闻等，可以反映行业相关企业的当前发展状况、预测未来发展状况，不同行业的发展有不同的影响因素，而通过对行业报告和行业新闻等信息的梳理可以快速且整体地了解该行业，使整个市场的脉络更为清晰，有利于制订与该行业更相匹配的 ESG 标准。近几年来有关我国住宿业的发展报告如表 5-2 所示。

表5-2 我国住宿业发展报告

年份	报告机构	行业报告	报告内容涉及议题
2017	中商产业研究院	《2017中国住宿行业发展报告》	房租；人力成本；转型升级；绿色发展；共享经济
2018	上海盈碟企业管理咨询有限公司	《2018中国大住宿业发展报告》	住宿设施；店面规模；住宿档次
2018	中国旅游研究院产业研究所	《中国旅游住宿业发展报告2018》	住宿业品质质量；创新驱动；文化创意；消费升级
2020	国家信息中心	《中国共享住宿发展报告2020》	共享住宿；改造老旧小区；建设新业态
2021	中国旅游研究院产业研究所	《中国旅游住宿业发展报告2021》	国内国际双循环；"双碳"战略目标；数字经济
2021	石基集团委托咨询公司	《2021年酒店业技术现状和未来发展趋势报告》	技术驱动，云端服务，免接触式服务，创新
2021	中国饭店协会	《2021中国酒店业发展报告》	发展规模，酒店数，客房数，连锁化率
2021	石基集团委托咨询公司	《2021年中国酒店业数字化转型趋势报告》	数字化转型，数据平台，人才招募，客户关系

1.中国共享住宿行业发展概况分析

2019 年 7 月 2 日下午，国家信息中心分享经济研究中心发布《中国共享住宿发展报告 2019》(以下简称为"报告")，2018 年我国共享住宿市场交易额为 165 亿元，同比增长 37.5%。这是自 2017 年首次发布以来的第三份年度报告。报告显示，2018 年我国主要共享住宿平台房源量约 350 万个，较上年增长 16.7%，覆盖国内近 500 座城市；共享住宿服务提供者人数超过 400 万人，房客数为 7 945 万人，在网民中的占比约 9.9%，较上年略有增长。受整体融资环境趋冷的影响，2018 年我国主要共享住宿企业实现融资约 33 亿元，较上年下降 11.6%。从参与人群看，主要共享住宿平台上"80 后"和"90 后"房东数占比约 70%。女性房东数量逐年升高，占比接近 60%，女性房东收入

---

[1] 冀云洁. 做好行业新闻之我见[J]. 新闻论坛,2017(05):58—59.

也在不断提高。房客中，18—35岁群体占比超过70%。从出行需求来看，家庭出行、携宠出行、社交化出行以及偏远地区的商务出行成为共享住宿重要的消费场景。调查显示，参与共享住宿人群中，家庭出行的占比约38.6%；拥有宠物家庭占比超过四成，其中愿意携宠出行的占比约66.7%。报告指出，共享住宿发展水平的高低是衡量一个城市营商环境的重要表征。一般来说，共享住宿发展水平高的城市，反映了这个城市对新业态的支持与包容。反过来，共享住宿领域进行的监管创新探索，对城市公共服务、市场监管、社会治理提供了重要借鉴，有助于城市营商环境的优化[1]。

2.疫情过后短途旅游率先恢复

《2020年中国共享住宿行业六大洞察》报告中的全国问卷调研显示，中国房东具有较高的信心指数。新冠肺炎疫情结束后，对继续从事民宿表示积极或中性态度的房东比例高达99%，而在持积极态度的房东中，表示"规模不变"或"增加规模"的房东比例达到72%。报告称，位于度假目的地、平时经营较为活跃及以往运营规模较大的房东在"疫"后从事民宿的意愿更高。报告认为，短途、同城、周边游或率先恢复。爱彼迎委托的一项调查数据显示，进行周边160公里的短途旅行是中国人喜爱且愿意进行消费的旅行方式之一，其中自驾成为更多人的交通选择。报告指出，2020年"五一"小长假的境内游房源搜索量较去年同期增长超2.5倍，暑期境内游房源的搜索量也高于同期。疫情之下周租、月租成"爆品"。为在疫情期间缓解经营压力，爱彼迎上线周租、月租返佣活动，愿意增加周租、月租比例的房东占比达六成。此外，疫情下卫生清洁因素成为共享住宿消费选择的关键考虑要素之一，近97%的用户在搜索房源时最看重"卫生清洁情况"，超84%的用户关注"消毒状况"，53%以上的用户希望明确房源是否提供消毒用品。

3.住宿业恢复活力 8大连锁酒店及民宿合推随心住

继此前东航、海航等航司推出"随心飞"服务后，住宿业也紧随其后，通过自身努力推动行业更快复苏。2020年7月27日，美豪、君澜、君亭、华

---

[1] 于凤霞,高太山,关乐宁等.共享住宿对城市经济社会发展影响的实证研究[J].技术经济,2019,38(07):109—118.

天、绿地、隐居酒店集团及木鸟民宿、小猪民宿等 8 大连锁酒店及民宿集团联手芝麻信用推出"随心住"服务，通过"0元信用预售"的方式，为顾客提供兼具折扣和灵活性的住宿产品，以集聚人气、提升入住率。

据华美顾问的数据，2020 年北京 1230 家住宿业单位一季度营业收入 42.18 亿元，同比减少 55.6%，亏损总额达 30.1 亿元。低价预售成为住宿业恢复活力的重要手段。预售不但能够帮助酒店回笼现金流，更重要的价值在于集聚人气、提前锁定目标客群[1]。然而，传统的折扣预售需要提前支付全款，住客往往因担心发生变故，资金占用过久等因素而放弃购买。

通过与芝麻信用合作，多家酒店、民宿同步推出的"随心住"则改变了这一局面。据介绍，芝麻分超过 600 分的住客在支付宝搜索"随心住"，即可找到多款低价信用预售住宿产品。选择"0元信用屯"，无需预付费用便能完成预购，在正式预约入住时间时再付款，到期未使用则自动取消。2020 年上线"随心住"的住宿产品覆盖了 300 多座城市的 10 000 多家酒店、民宿，平均折扣达到 6 折，部分房间低至 4 折。数据显示，试点"随心住"的美豪酒店通过这一渠道获取的信用订单数量，使其订单总量增加了 40%。"随心住"对于住宿业的提振作用值得期待。

4.广州市出台促进住宿餐饮业发展专项政策

广州市商务局发布的《广州市促进住宿餐饮业发展的若干措施》对促进住宿餐饮业发展提出了专项政策，主要包括以下特点：首先，在《关于积极应对新冠肺炎疫情影响着力为企业纾困减负若干措施》等对企业有利的政策基础上，根据目前实际情况，对住宿餐饮企业普遍反映较多的问题制定了相关政策，如临时停车、宣传促销等问题，在关注企业诉求的同时推动市民的消费需求。其次，提出了新的住宿餐饮业发展方向。根据住宿餐饮业的行业现状和发展趋势，鼓励企业开发可以适应绿色经济、亲子经济、一人经济等特色的住宿餐饮产品，同时进行线上和线下的协调发展，也倡导外地品牌在广州市的建立，促进行业的多元化发展。最后，行业扶持力度也得到进一步增强，为了能够解决诸如制约消费等问题，在合理范围内刺激住宿餐饮业的

---

[1] 何东飞.后疫情时代酒店行业复苏路径探析[J].四川旅游学院学报,2021(2):23—26.

消费，可运用包容监管、创新消费场景、导入财政和宣传资源等方式来开展。

岭南商旅集团表示，《若干措施》的出台给广大本土住宿餐饮企业带来了温暖。一整套措施组合拳，引导企业创优提档、给予行业大力度扶持，各项贴心政务服务为企业发展带来更大便利，为企业迈向高质量发展提供更强保障。岭南商旅集团将把握好机遇，积极拓展"花园酒店""东方宾馆"等品牌在广州及大湾区布局，焕新升级"广州宾馆""爱群大酒店"等老字号酒店；推动酒店、餐饮、文化、旅游等融合创新，与广大本土酒店及餐饮企业协同并进，助力行业持续复苏与经济发展，全力支持广州建设国际消费中心城市、实现老城市新活力。

2022年1月20日，国务院发布《"十四五"旅游业发展规划》。《规划》提出，分步有序促进入境旅游。及时研判国内外新冠肺炎疫情防控形势、国际环境发展变化，科学调整有关人员来华管理措施，在确保防疫安全的前提下，积极构建健康、安全、有序的中外人员往来秩序。适时启动入境旅游促进行动，出台入境旅游发展支持政策，培养多语种导游，讲好中国故事，丰富和提升国家旅游形象，审时度势采取有力措施推动入境旅游高质量发展。

2022年1月18日从文化和旅游部官网获悉，日前文旅部资源开发司确定并发布"故宫博物院'智慧开放'项目"等27个2021年智慧旅游典型案例。此次公布的案例分为"智慧旅游景区、度假区、乡村建设运营典型案例"和"智慧旅游公共服务平台建设运营典型案例"两类，涉及智慧旅游多种应用场景。其中前者包括故宫博物院"智慧开放"项目、唐山市南湖·开滦旅游景区智慧旅游探索等15个项目，后一类则包括北京延庆打造的"长城内外"全域旅游数字化生活新服务平台、黑龙江省黑河市智慧旅游服务平台一站式无障碍服务等12个案例。

2020年7月发改委等13部门印发的《关于支持新业态新模式健康发展激活消费市场带动扩大就业的意见》明确提出鼓励共享住宿、文化旅游等领域产品智能化升级和商业模式创新，发展生活消费新方式。鼓励发展"共享住宿"首次写入我国政府文件。"共享住宿"这个词可能对于很多人来说有点陌生，但其实国家信息中心已经连续四年发布《中国共享住宿发展报告》，通过这样的年度研究报告，展示这个新业态的发展现状，为行业和政府决策提供参考。与传统酒店高度标准化的服务不同之处在于，共享住宿的服务呈现出高度个性化、服务提供者分散化和小微化等特点[1]。

（二）企业行为

企业行为即以企业为实现经营目标而进行的适应外部环境的有规律的活动[2]，具体表现为投资行为、生产行为、分配行为和交换行为等（邓文君等，2018）。企业作为社会经济的基本活动单位，对其行为和所在行业的相关信息进行整理分析，有助于制订适合行业内大部分企业的行业ESG标准。在当前环境呈可持续发展的趋势下，企业只有顺应外部环境的变化才能长期发展，洪大用（2017）指出环境保护的一个重要方面就是约束企业行为，无论是通过行政管制，还是通过市场诱导、促进企业自律，现行很多环境政策的对象都是企业。[3] 企业行为不但会受自身经营活动的影响，还会受企业所在行业、所在行业的市场的影响。所以，通过梳理与企业行为、企业所在行业、所在行业市场等相关的信息，如表5-3所示，可以更深入地了解企业和行业经营活动的重点，以正确的制订行业ESG标准，从而直观地分析企业、企业所在行业对可持续发展和履行社会责任等方面的贡献，帮助投资者做出专业的投资决策。

表5-3 典型企业报告及相关议题

企业名称	企业报告名称	相关议题
锦江国际酒店集团	2019企业社会责任报告	环境【成立节能小组，无纸化办公，水性油漆，集中供应热水系统，节水型马桶，低噪声设备，空气净化器】社会【援滇扶贫，爱心捐赠公益活动，关爱老人，关爱儿童】治理【党建活动，安全生产，信息保护，售后回访，抽样审查】
香格里拉（亚洲）有限公司	2020年可持续发展报告	环境【废弃物管理，减少使用一次性塑料，生物多样性与保育，濒危海龟保护区】社会【抗击疫情，参与义工活动，关怀听障幼儿】治理【食品安全，消防生命安全，安全及应急处理，数据保护，学习与发展】

---

[1] 李鹏，陈雪钧. 国内共享住宿研究综述[J]. 商业经济,2020(6):49—53.
[2] 邓文君,袁华,钱宇.基于社交媒体的企业行为事件挖掘[J]. 中文信息学报,2018,32(10):98—108.
[3] 洪大用. 企业行为与绿色发展[J]. 广西民族大学学报（哲学社会科学版）,2017,39(6):86—89.

续表

企业名称	企业报告名称	相关议题
海航酒店集团	海航酒店集团2017社会责任报告	环境【节能减排管理，全面推广LED照明，使用导流技术降低空调，调整用水结构改进用水方式，利用中水回用系统减少污水排放量，建立分类垃圾房】社会【成立"天津中心唐拉雅秀酒店慈善公益基金"，与"希望宝藏"联手献爱心，"95个心愿之行"】治理【"五星级"入住体验，机器人服务，党建】
无锡君来酒店管理集团有限公司	2019年度社会责任报告	环境【开展地球环保周、绿色长走，向社区居民分发宣传册，宣传推广垃圾分类及环保酵素】社会【"红十字人道万人捐"，"慈善一日捐"，赴西班牙成功举办"行走的年夜饭"活动】治理【"明厨亮灶"，设立员工建议箱，依法纳税】

三、现有酒店行业ESG的披露对比

（一）提出方法

总的来说，我国政策对ESG的重视度越来越高，而酒店行业有关ESG的体系建设还有待完善，同时，通过梳理酒店行业的发展报告和热点新闻，本文发现酒店行业的发展焦点集中在共享住宿、短期民宿、低价预售、住宿餐饮特色化等方面，在共享、绿色、创新角度改进产品与服务，契合了新发展理念，也推动了酒店行业ESG的落实与发展。此外，酒店行业头部企业在企业行为上愈发重视环境、社会和治理，主动发布社会责任报告、可持续报告等形式的ESG相关报告。

在政策影响和酒店行业ESG实际发展态势下，本文认为有必要明确酒店行业ESG的披露标准，主要研究方法为：主题建模（topic modeling）和网络分析（network analysis）。

主题建模（topic modeling）是一种流行的无监督技术，用于发现文本语料库中潜在的主题结构。对主题模型的评价通常涉及衡量描述每个主题的术语的语义连贯性，其中单个值用于总结整体模型的质量[1]。本报告在制定标准

---

[1] 黄佳佳,李鹏伟,彭敏等.基于深度学习的主题模型研究[J].计算机学报,2020,43(5):827—855.

时，根据 SASB 在环境、社会资本、人力资本、商业模式与创新、领导力与治理等五个可持续主题的 26 个议题中选取了与酒店行业最相关的议题。通过主题建模，首先识别这 26 个主题，每个主题表示为一个排名靠前的 t 个相关术语的列表（通常称为主题描述符）。这些描述符通常被表示为该模型的主要输出。此外，通过词云（word cloud）可以为报告提供具有突出单词的文本数据的快速印象，同时也可以显示出比纯粹可视化词频更丰富的信息。

网络分析（network analysis）是通过图论的方式，以节点和连线来将某一系统的结构和信息可视化，并从网络的角度描述和解释该系统[1](Borsboom, 2008; 蔡玉清，董书阳，袁帅等，2020）。通过此研究方法，本文运用了复杂网络理论中的网络拓扑结构分析法，选取多个指标，对消费者和金融行业的重点关键词进行了分析，进而梳理出重点行业之间的关系以及深刻地理解其可持续发展披露主题和会计指标。

采用以上两种研究方法主要是基于这两种方法能够有效地分析出文本的重要信息，符合本文需要。此外，这两种方法也是当下学界常用的研究方法，具备一定的科学性和有效性。主题建模和网络分析能够快速的处理大批量的数据，精准的研究出词与词之间的关联关系，进而提出酒店行业 ESG 的披露标准。规范 ESG 披露标准，从而推动企业对生产商品和服务所产生的环境和社会影响的治理和管理，以及企业对创造长期价值所必需的环境和社会资本的治理和管理。

（二）结果展示

为了确定影响公司财务绩效并因此对投资者具有财务重要性的环境、社会和公司治理问题，市场信息和行业特定的标准正在逐步实现规范化。为了促进企业采用与财务信息会计标准具有同等相关性和可靠性的企业社会责任问题报告衡量标准，本文参考现有标准的建立过程，在酒店行业的相关主题中，选择或开发可用于决策的会计指标，以说明该主题下的公司绩效。会计指标涉及可持续发展的影响以及创新机会。综合起来，这些指标代表了企业在可

---

[1] 蔡玉清,董书阳,袁帅等.变量间的网络分析模型及其应用[J].心理科学进展,2020,28(1):178—195.

持续发展问题和长期创造价值潜力方面的定位，分析结果如图 5-1 所示。

图5-1 词云高频词结果图

词云高频词分析结果中，字号越大，说明频率越高。根据图 5-1 可知，经过词云高频词分析，酒店行业的热点主要集中于"双碳""环保""可持续"，其次集中在"绿色生态""品质""设施""共享""环保民宿""文旅"等。

通过主题建模分析得到的结果如表 5-4 所示，本文识别出酒店行业的三大主题：环境、员工＆客户、共享住宿，并得到各个主题的关键词，表格 Topic modeling 结果中展示了前 10 个。其中，环境主题的前 10 个关键词分别为：节能减排、环境污染、水资源、绿水青山、生态建设、废水排放、废物处理、可循环、低碳、可持续；员工＆客户的前 10 个关键词分别为：网络、社交媒体、新营销、意识、人员流失、员工参与、服务、品质、体验、价值；共享住宿的前 10 个关键词分别为：共享、体验活动、文旅融合、当地特色、乡村品牌、学习、实践、手工、文创、精神。

表5-4 主题建模分析结果

主题	环境	员工&客户	共享住宿
关键词（前10个）	节能减排	网络	共享
	环境污染	社交媒体	体验活动
	水资源	新营销	文旅融合
	绿水青山	意识	当地特色
	生态建设	人员流失	乡村品牌
	废水排放	员工参与	学习
	废物处理	服务	实践
	可循环	品质	手工
	低碳	体验	文创
	可持续	价值	精神

如图5-2所示，网络分析结果表明，合法、数据、投资等与金融有着强相关性的联系，实践、员工、公平性等与金融有着弱相关性的联系（连线越粗代表相关性较强）。在金融行业中，保障个人金融数据的隐私和数据安全是商业银行行业的重要责任。在这方面管理不善的公司容易受到收入下降和消费者信心下降的影响。随着移动银行和云存储的持续增长，以及越来越多的银行业务变得依赖于技术和互联网，数据安全将成为一个越来越重要的管理问题。所以说，数据、金融产品的合法性与金融有着强相关性的联系。

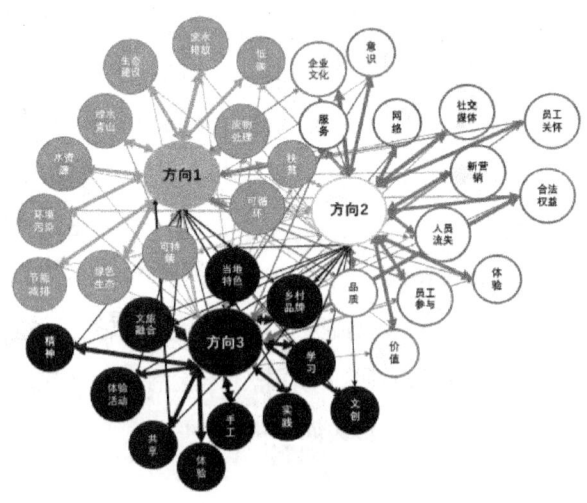

图5-2 网络分析结果图

根据图 5-2 的网络分析结果图可知，环境主题下的节能减排、环境污染、水资源、绿水青山、生态建设、废水排放、废物处理、可循环、低碳、可持续十个关键词均与方向 1 节点连接的线条最粗，即环境主题下的关键词均与方向 1 相关性较强；员工＆客户主题下的网络、社交媒体、新营销、意识、人员流失、员工参与、服务、品质、体验、价值十个关键词均与方向 2 节点连接的线条最粗，即员工＆客户主题下的关键词均与方向 2 相关性较强；共享住宿主题下的共享、体验活动、文旅融合、当地特色、乡村品牌、学习、实践、手工、文创、精神十个关键词均与方向 3 节点连接的线条最粗，即共享住宿主题下的关键词均与方向 3 相关性较强。此外，水资源、电力保障、绿色生态和扶贫均与方向 1 节点连接的线条最粗，即这 4 个关键词均与方向 1 相关性较强；党建、员工关怀、企业文化、合法权益和设施均与方向 2 节点连接的线条最粗，即这 5 个关键词均与方向 2 相关性较强；特别的是，合法权益与方向 2 节点和方向 3 节点连接的线条均较粗。

四、酒店行业ESG披露的提出方向

在环境方面，酒店行业的节能减排、环境污染、水资源、低碳、可循环、绿色青山、生态建设、可持续均受到企业和公众的广泛关注，鉴于此，本书提出披露主题 1 与披露主题 2，分别为：资源与能源、环保与气候适应力；在员工＆客户主题下，本书针对服务、品质、体验、价值、员工参与、人员流失六个主要关键词提出披露主题 3：顾客满意度与员工结构；在共享住宿方面，本书针对体验活动、文旅融合、当地特色、精神等关键词提出披露主题 4：共享住宿。

（一）披露主题1：资源与能源

在环境方面，酒店行业的节能减排、环境污染、水资源、低碳、可循环受到公众关注。同时，ESG 报告中环境方面主要包括用水、用电与用能，本书结合酒店行业实际发展情况，提出主题 1：资源与能源，主要包含建材资源、水资源与电力能源。

1.建筑资源

长期以来，建筑材料是具有研发实用价值的材料，往往追求材料本身的机械性能，如高强度、高耐久性和高承载能力，而忽视材料本身的价值，节省重复使用和制造成本，大量建筑材料在生产过程中不断流失，不仅浪费资源，而且损失不可逆转[1]。

本书拟将会计指标设计为：（1）采用绿色材料的规模。（2）建筑设计环节的效率性。（3）绿色材料占原材料的百分比。

2.水资源

旅馆建筑需要相对大量的水资源才能运行[2]。虽然水不是该行业最大的运营成本，但水供应减少或价格大幅上涨可能会影响财务业绩。由于供水限制，这种影响在受水地区特别严重。业内公司正在实施水管理最佳实践，以减少运营费用和环境影响，并提高其在客人中的声誉，他们越来越关注环境的可持续性。

本书拟将会计指标设计为：（1）抽水总量。（2）用水总量、基线水压力高或极高的区域中每个水的百分比。

3.电力能源

酒店日常运营需要大量的能源来运行，这占酒店运营费用的很大一部分[3]。该行业的大部分用电量是商业购买的。购买的电力间接导致温室气体（GHG）排放的释放，这是气候变化的重要原因。业内公司正在实施能源管理最佳实践，以减少运营费用和环境影响，并提高他们在日益关注环境可持续性的客人中的声誉。

本书拟将会计指标设计为：（1）消耗的总能源。（2）百分比的电网电力。（3）百分比的可再生能源。

（二）披露主题2：环保与气候适应力

除资源与能源外，酒店行业的ESG发展与绿色青山、生态建设、可持续

---

[1] 贾彤.节能环保理念在酒店建筑设计中的应用研究[J].建材与装饰,2020(7):109—110.

[2] 陆毅,赵金辉,徐斌等.高层宾馆建筑用水调查与节水措施探讨[J].给水排水,2015,51(11):70—73.

[3] 周伟业,彭琛,刘珊等.酒店建筑能耗影响因素分析[J].建筑科学,2015,31(10):31—37.

也息息相关，本书结合酒店行业实际发展情况，提出主题2：环保与气候适应力。

1.环保

健康的生态系统与当地社区和企业的经济和财务绩效息息相关。游客的涌入和酒店产生的废物可能对诸如珊瑚礁和自然保护区等敏感的生态系统构成风险。不良的环境保护做法可能会阻止酒店在这些敏感地区获得新的建筑许可证，并且从长远来看，可能会减少游客的自然景点，从而有助于为社区和酒店创造收入。相反，环境保护可能会使旅行目的地更具吸引力，并增加对客房预订的需求[1]。

本书拟将会计指标设计为：（1）位于受保护的保护状况或濒危物种栖息地或附近地区的住宿设施数量。（2）保护生态系统服务的环境管理政策和做法。

2.气候适应力

在暴露于气候变化区域的酒店可能会受到包括恶劣天气和洪水等自然气候风险的影响。恶劣的天气可能会损坏财产并破坏运营，从而会降低资产价值和收入[2]。此外，旅馆可能会为沿海地区的建筑物面临较高的保险费，或者可能无法为其财产提供保险。旅馆运营商可能需要适应不断变化的气候趋势，例如海平面上升，飓风和洪水，以保持其在气候变化中产生收入的资产。

本书拟将会计指标设计为：位于100年洪水泛滥区的住宿设施数量。

（三）披露主题3：顾客满意度与员工结构

在客户＆员工主题下，酒店行业的服务、品质、体验、价值、员工参与、人员流失体现着企业的社会责任感，本书据此提出披露主题3：顾客满意度与员工结构。

1.顾客满意度

顾客满意度是指顾客对明确的、通常隐藏的或必要的需求或期望的满意度。满意度是顾客对产品或服务的满意度反馈和评价，以及产品或服务本身的表现。给予与满足消费相关的幸福水平，包括低于或高于满足水平，是一

---

[1] 张宏丽.绿色生态酒店建设经济驱动模式研究[J].现代商贸工业,2016,37(23):54—56.
[2] 侯国林,黄震方,台运红等.旅游与气候变化研究进展[J].生态学报,2015,35(9):2837—2847.

种心理感受[1]。

本书拟将会计指标设计为：（1）再次选择消费的顾客占新顾客的比例。（2）好评率。

2.员工结构

旅馆和住宿业高度依赖劳动力来经营大型设施。能够为客人提供愉悦住宿的以服务为导向的员工队伍是酒店公司的关键价值驱动力[2]。再加上劳动力的动态变化，可能导致工作满意度低下，从而导致高离职率和潜在的诉讼，从而增加酒店经营者的支出。致力于防止歧视性做法并确保合理工资的酒店可以提高员工满意度并减少营业额。

本书拟将会计指标设计为：（1）住宿设施员工的自愿和非自愿离职率。（2）因违反劳动法而提起的法律诉讼造成的金钱损失总额。（3）按地区划分的平均小时工资和获得最低工资的住宿设施员工的百分比。（4）说明防止工人骚扰的政策和计划。

（四）披露主题4：共享住宿

在共享住宿主题下，酒店行业的体验活动、文旅融合、当地特色、精神等体现着企业的共享住宿的发展状况。本书据此提出披露主题4：共享住宿。

共享住宿是经济合作发展中的一种新型模式。共享住宿是一种基于互联网的新型活动形式，近年来发展迅速，其创新越来越活跃，发展潜力巨大[3]。遵循谨慎、前瞻、务实、发展与规范相结合的原则。在移动互联网时代，共享已成为人们出行的主要方式，共享经济与旅游的融合为人们提供了更多的出行机会。通过共享住宿，人们不仅可以获得一个家，不仅可以看到风景，还可以分享两种不同的生活体验。

本书拟将会计指标设计为：（1）信息安全与隐私保护。（2）房东要求与房源规范。（3）订单交易成功数量。（4）订单交易失败占总订单量的百分比。

---

[1] 蒋亚萍.顾客满意度的内涵及提升策略[J].经济论坛,2015(7):109—111.

[2] 杨军辉,夏芦希,王叶子.酒店员工服务意识的养成与提升策略研究[J].中国商论,2021(13):111—113.

[3] 胡姗,杨兴柱,王群.国内外共享住宿研究述评[J].旅游科学,2020,34(2):41—57.

第六章
酒店行业践行 ESG 的展望

据了解，在新浪财经 ESG 评级中心联合 CCTV-1《大国品牌》发布的"中国 ESG 优秀企业 500 强"名单中，仅 1% 涉及酒店业，包括锦江酒店、万科、碧桂园服务、雅生活服务、招商蛇口五家企业。另外，由上海报业集团和界面新闻联合发起的 2021 "ESG 先锋 60" 的评选中，获得年度企业 ESG 实践奖的酒店集团有复兴旅文、美团、同程旅行，获得年度环境责任优秀奖的仅有首旅如家酒店集团一家。不难发现，各大榜单的出现正预示着 ESG 越来越成为社会各界关注的焦点，且极有可能成为改变未来经济社会的发展方式。在酒店行业中[1]，国际酒店集团早已积极开始实践 ESG 的发展理念，并且屡获殊荣。例如，例如希尔顿酒店集团 "LightStay" 计划就是 ESG 战略的一部分，而后期的 "带着目的去旅行" 计划也是 ESG 的一次全新化身。万豪在 2017 年推出 "善行 360 度" 平台，洲际在 2021 年 2 月启动的 "明日方州（Journey to Tomorrow）" 计划，都是推进企业践行 ESG 理念的重要方式。ESG 对于酒店集团来说，是 "必要" 而不是 "想要"，遵守 ESG 准则不仅彰显的是企业责任，更收获了更高的经济效益。在 2008—2018 年的 10 年期间，希尔顿的 "LightStay" 计划节约了近 10 亿美元的公用设施费用。然而，相比欧美市场，中国的 ESG 投资及相关研究还在起步阶段。中国从起步到 "跟跑"，甚至到

---

[1] 环球旅讯 .2021—2022 亚洲（中国）酒店业发展报告发布：亚太住宿业迎来重大复苏 [EB/OL].
https://www.traveldaily.cn/article/149882.

未来的"领跑",还有很多问题亟待解决[1]。比如缺乏本土商业化运作的独立第三方 ESG 评级机构及权威的 ESG 评级标准。然而,这一问题在 2021 年 10 月得到解决,盟浪组织研发出适合本土企业的义利评估模型工具 (FIN-ESG Rating),及时地弥补了这一空白。基于中国资本市场高度关注和评级标准的不断完善,ESG 将会成为影响投资行为的一大因素。虽起步较晚,但 2022 年中国酒店集团或将加速赶上,开始积极践行 ESG 战略计划。因此,本章对酒店行业更好地践行和落实 ESG 理念进行了展望。

一、树立ESG理念

ESG 是企业管理和金融投资的重要理念。该理念认为,企业活动和金融投资不应仅着眼于经济指标,同时应考虑环境保护、社会责任和治理成效等多方面因素,进而实现人类社会的可持续发展。ESG 倡导企业在环境、社会和治理等多维度均衡发展,是可持续发展理念在企业界的具象投影。

近年来,社会发展面临一系列长期问题,ESG 投资理念逐步演变、应运而生。在环境问题上,能源枯竭和环境污染问题日益严重。在社会问题上,随着经济全球化发展,贫富差距进一步加大。在治理问题上,现代公司管理制度下,各种上市公司存在财务造假、安全隐患等问题,都对社会和企业产生了极大负面影响。企业领导、商业领袖纷纷反思企业在社会中所扮演的角色。2020 年 11 月中国政府发布"十四五"规划,明确提出"要推动绿色发展,促进人与自然和谐共生"。由此,ESG 成为国家话题,在政府文件及主流媒体上,占据了非常重的话语体系。2020 年证监会在《上市公司投资者关系管理指引(征求意见稿)》修订中,增加了有关"公司的环境保护、社会责任和公司治理(ESG)信息"的(投资者关系管理的)沟通内容。此项修订,再次唤起了国内市场对 ESG 快速发展的期待。2021 年中国进入新的发展时期。但国际环境日趋复杂,不稳定性不确定性明显增加,新冠肺炎疫情影响广泛深远,国际经济政治格局复杂多变,贫富差距依然突出,生态环境破坏严重,

---

[1] 田原,吴青.全球 ESG 投资发展与中国实践 [J].中国国情国力,2021(12):59—62.

世界发展面临更大挑战。因此，此刻比以往任何时候更需要可持续发展的引领，这也是全人类共同发展的夙愿[1]。同时，ESG 的内涵既包括企业追求可持续发展所应遵循的核心纲领，也包括可助力企业践行可持续发展的指南与工具。而 ESG 投资理念的提出和实践，契合全球、社会环境和经济发展新阶段要求，是一套落实绿色、可持续发展理念的工具体系，它既有助于提升金融市场和实体企业的效率，又有利于从微观市场引导资本、推动改善经济结构和发展模式，同时又不会牺牲投资收益。据统计[2]，近年来上市公司发布 ESG 报告的呈稳步上升的趋势，2021 年 ESG 热度愈发高涨。随着中国经济的转型升级和资本市场规模结构发生巨大变化，强调环境、社会和治理综合价值的 ESG 可持续发展理念逐渐兴起。市场上非财务风险引发的"黑天鹅"事件的频发，也引发了投资者们对 ESG 理念的关注。碳达峰、碳中和目标在政府工作报告中首次提出后，ESG 更是成为落实可持续发展目标的重要抓手，成为评估企业综合水平的关键标准。在我国，ESG 理念受到监管部门的高度重视，一些金融机构已退出以 ESG 为主题的金融产品。因此 ESG 理念的兴起是中国经济乃至于全球经济向更低碳、科技、健康的可持续发展转型的必要趋势。然而，虽然 ESG 理念在我国社会上受到广泛的关注和欢迎，但 ESG 理念在我国起步较晚，当前发展很大程度上依赖于监管部门和相关自律组织引导，主流市场参与者对 ESG 的认知仍然不足，整体的 ESG 发展尚处于初级阶段[3]。

从总体上来看，国际在 ESG 研究和实践上比中国领先近 20 年，中国的 ESG 研究和实践还处于起步阶段，与国际一流水平仍存在差距，我国 ESG 发展也面临着一些难点。例如，中国目前的 ESG 评价体系在不同程度上还是存在信息披露不完整、ESG 产品规模偏小、相关的评估方法和工具尚不成熟、ESG 投资方向单一、对 ESG 理念不够了解，配套政策尚未完善、相关方法学

---

[1] 职业人群环境健康关爱活动.中国ESG理念[EB/OL].https://mp.weixin.qq.com/s/iT0Yq5xOTpAkO5tYRbBAXQ.

[2] 时代周报.天威视讯董秘林杨：ESG理念兴起是可持续发展转型的必要趋势[EB/OL].https://baijiahao.baidu.com/s?id=1717183013725672451&wfr=spider&for=pc.

[3] 中国经济时报.我国推动ESG发展面临的难点及未来发展路径[EB/OL].https://baijiahao.baidu.com/s?id=1645482533367051175&wfr.

和指标体系缺等方面的不足[1]。具体来说，我国上市公司缺乏对 ESG 理念的认识，自主披露 ESG 信息的意识不足，仅有少部分发展较好的 A 股上市公司和部分港股上市公司愿意主动了解 ESG 并进行披露和改善。截至 2021 年 11 月中旬，全球已有 4500 多家机构加入联合国责任投资原则组织（PRI），签约机构资产管理总规模达 121 万亿美元。虽然在"双碳"战略引领下，中国 ESG 发展亦进入快车道，但目前仍只有 77 家机构加入该组织，仅占总量的 1.7%。以目前的数据来看，国内资本市场还存在对于 ESG 理念的重视程度不足，认知度较浅等问题，基本诉求仍停留在研究企业的市盈率、市净率等财务指标上，基于企业过去的绩效表现进行投资决策。就酒店行业来说，中国本土市场上时不时仍有"爆雷"和"黑天鹅"等源于内部治理漏洞的事件发生，如房卡办理、人员流失、高层变动等危机。集团和投资人应该意识到，如要避免由于环境保护、社会责任或公司治理不完善引发的投资"踩雷"事件，需要看清传统财务指标衡量方法所带来的局限，从更全面、更准确地双向渠道中了解公司。虽然近几年来，我国上市公司披露的社会责任报告数目有所增多，但在全国范围内，其所占比重仍较小，而且信息的参差不齐、信息披露不全面，缺乏统一的披露标准。这就导致了机构在进行投资决策时所能提供的资料非常有限，不利于投资者甄别和甄别信息，增加了决策的时间和人力成本。机构自身对 ESG 投资价值的认识还需加深，部分机构投资者还没有意识到 ESG 投资的长期优势，在投资决策中引入 ESG 因素对于他们来说，仍然是一种审慎的做法[2]。

2021 年 7 月 17 日下午，2021 第十五届中国证券投资基金业年会平行论坛"中国 ESG 发展论坛"在海口召开，国务院发展研究中心金融研究所研究员、原所长、中国证券投资基金年鉴编委会主任张承惠在会上介绍了即将发布的《中国上市公司 ESG 评价体系研究报告（2020—2021）》（以下简称《ESG 研究报告》），并呼吁资产所有者树立 ESG 理念，提升 ESG 评价的能力。未来，中国企业将在自身高质量发展驱动与国际可持续发展潮流推动下迎来 ESG 的

---

[1] 陈婉 .ESG 投资从边缘到主流 [J]. 环境经济 ,2022(4):18—25.
[2] 金希恩 . 全球 ESG 投资发展的经验及对中国的启示 [J]. 现代管理科学 ,2018(9):15—18.

重大发展。为此,我国企业在获得收益的同时需要更加关注和认可ESG理念,应尽快借鉴国外管理手段和方法,将ESG的实践变被动为主动,彻底改变我国企业社会责任管理水平远远落后于发达国家的现状。企业管理者不仅要对ESG准则有深入的了解,而且还应组织内部人员开展关于ESG的培训、学习及宣传[3],采用多种形式针对ESG与企业员工进行探讨,通过宣传学习,使企业上上下下、方方面面对ESG有全方位的认识和理解,更好的帮助我国企业自身树立ESG理念。因此,对于任何一个行业来说,树立ESG理念都是践行和落实ESG理念的基本前提,对行业实现可持续发展有着至关重要的作用。

那么为什么企业要树立ESG理念呢?据富达国际研究发现[4],在2020年二、三月正值新冠疫情导致全球抛售潮的期间,那些ESG评级较高的企业,在大部分市场的表现都更优,回撤更少,相对收益更高。在新冠肺炎疫情下,重视ESG的企业获得较佳的回报。在与疫情的对抗中,卫生安全治理得到全体人类社会一致性高度重视。在这方面做得好的国家和地区,经济发展得以维持。而放到企业层面卫生安全(进而扩展到员工工作安全)得到保障以复工复产,这不仅仅意味着成本方面获得了优势,还是某些领域关系企业生死存亡的分水岭。在消费者层面,疫情以来,由于人们提高了对卫生安全、饮食安全和健康方面的需求,自然地愿意多花钱购买更可靠的产品和服务。一些行业已经认识到,市场愿意为环境、社会责任和治理买单。因此,对企业而言,ESG不意味着只是成本,还意味着付出可以获得收入的回报。这是从思潮到行动,已将未来推至眼前。在此背景下,树立ESG理念,有效地进行ESG布局,成为每个想要抓住利益相关者的企业的必由之路。例如,一些ESG表现优秀的企业从ESG理念出发积极践行和落实ESG。

阿里巴巴,在疫情期间肩负社会责任。疫情期间,阿里巴巴与旗下淘鲜达团队一起打造无人超市入住火神山,不仅为无人零售行业发展积累经验,更是减少了疫情期间人为接触风险,打响了其品牌ESG宣传的第一战。除此

---

[3] 王超.浅析商业银行微观层面ESG经营管理体系建设[J].时代金融,2021(23):62—64.
[4] 亮天传播.亮天观点|备受投资界推崇的ESG理念究竟有什么优势?[EB/OL].https://zhuanlan.zhihu.com/p/371753072?utm_source=wechat_session&utm_medium=social&utm_oi=1092773127636987904&utm_campaign=shareopn.

之外，阿里巴巴作为浙江省企业，并不是采取单一捐款的形式，而是利用其自身在物流上的强大运力，免费投递口罩，解决了民众对口罩的需求。面对全球性公共卫生问题的挑战，阿里巴巴利用自身业务优势，解决群众日常问题，在解决疫情下企业公司治理问题和生存问题的同时，也肩负起企业的社会责任[1]。

可口可乐全链条减轻碳足迹计划，践行环保理念。作为饮料巨人的可口可乐公司一直寻求"减轻"自身碳足迹对环境影响的方法。对此，公司在2020年提出了将"手中的饮料"的碳足迹降低25%的目标（与2010年的基准相比），并根据这一目标，设定了辐射整个价值链的践行计划。该计划程序已应用于减少配送卡车车队的温室气体排放以及可持续包装和设计等领域。同时，公司还引入了"碳情景"规划器，以确保采用标准化的预测方法。值得一提的是，可口可乐还有一个单独的可持续包装目标，即到2025年实现100%可回收包装。虽然常常被人忽略，但企业实际上是影响全球气候变暖的主要载体之一。可口可乐从环保角度改革其供应链，改善碳排放，努力践行了ESG、绿色环保的理念。

ESG为整合环境、社会和治理责任提供了一个综合框架，传递了追求经济价值与社会价值相统一的发展观，契合了高质量、可持续发展诉求，日益成为提升投资质量，改善资本市场功能，促进上市公司高质量发展的有效抓手。因此，无论从国际还是国内，都将有更多的优秀企业意识到ESG理念的重要性，并以自身行动践行环境、社会与公司治理的责任和使命。所以，企业想要更好践行ESG发展理念，实现企业自身可持续发展的目标，首先要树立ESG理念，才能更好地推进ESG理念的落实并获得相应的回报。那么，以下是企业如何树立自身的ESG理念，充分认识ESG理念的一些思考与建议。

（一）通过教育培训，培育商业个体ESG意识

我国ESG发展尚处于早期阶段，各市场参与者对于ESG的认知还不完备，对于ESG的内涵与外延的理解还不明确。可以利用ESG研究机构和教育机构，针对ESG市场人才需求，制定人才培养方案、企业培训项目等，加强社会各

---

[1] 袁涵,杜乐芸.阿里巴巴创造商业与公益双重价值[J].企业管理,2020(10):74—77.

方面主题对 ESG 的系统性认知。

（二）将ESG理念融入企业中，为行业树立最佳实践典范

绿色环保是 ESG 理念中非常重要的组成部分。在酒店行业领域，应用新技术、新材料和新管理方式打造"绿色酒店"是践行 ESG 理念的最直接的体现。因此酒店行业可以专门成立 ESG 研究小组，并对企业的员工进行 ESG 理念的培训、学习与宣传，使企业员工更好地理解并掌握 ESG 理念，并从身边的小事做起，更好地践行 ESG 理念。此外，企业应当重视 ESG 的发展与影响，将 ESG 理念融入带企业可持续发展的核心序列，为行业树立最佳实践典范。

（三）借助互联网优势，加大ESG宣传力度

通过新闻媒介的宣传，让社会各界更加关注 ESG 的投资，从而加深对 ESG 的认知和认同；同时，通过举办论坛、培训、研讨等线下的活动，吸引更多金融机构、上市公司、媒体乃至个人投资者，深入开展 ESG 的交流，促进 ESG 的广度和深度。

二、统一ESG标准

随着碳达峰和碳中和的逐步形成，ESG 已经成为当今世界的主流投资理念和实践战略，并日益引起人们的重视。为 ESG 制订一个全球性的、具有强制性的、统一的标准，这一点越来越重要。IFRS 现正努力推动建立可持续发展的全球标准委员会。

中国央行国际司司长朱隽在 2021 年 6 月表示，中国急需建立本国的 ESG 信用评级机构，目前我国 ESG 在发展的过程中，不仅要重视信息披露，更要重视政府资金的运用。21 世纪经济报道的多位业内人士指出，目前我国 ESG 投资面临三大问题：缺乏 ESG 评价方法、国内外标准不兼容、信息披露完整性及数据可靠性不足。

随着 ESG 投资热潮的兴起，国内外投资者在选择产品组合时越来越多的会考虑项目是否具有可持续发展前景，因此，需要尽快建立符合我国资本市

场发展特点的 ESG 信息披露准则。该准则要综合考虑环境、社会责任和公司治理等因素，要尽可能把企业未来前景规划中所涉及的可持续性问题涵盖进去。参考国际成熟资本市场的经验，通过有效风险管理和绿色金融的创新来实行信息披露，这不仅可以加强企业的社会责任和综合竞争力，还对国家长期战略布局具有重要意义。我国应关注国内外 ESG 发展，将国外理论融入中国国情，实现理论的突破和深化[1]。然而，对于我国不同的行业 ESG 的标准体系的建设一方面需要普适性，为企业和利益相关者提供一个 ESG 对话的统一框架，另一方面，不同行业具有不同的特性，因此其 ESG 的标准议题也应存在一定的差异性。所以对于酒店行业其 ESG 标准在通用框架基础上也应当统一该行业特色模块的 ESG 标准，酒店行业统一的 ESG 标准也应当有以下几个原则。

（一）目的明确，方法合理与格式规范

中国在制定关于 ESG 相关问题的标准时，要明确制定该标准的目的与服务对象，是旨在帮助投资者做决策还是指向规范企业行为，是为了促进可持续发展还是促使企业、社会、环境和谐共生。

此外，还应明确选用的指标是基于定量数据来对企业进行严格明确的规范还是通过定性描述来划分等级。当然针对特殊性质的行业，可以同时使用这两种类型的指标或者是其他更合适的标准。中国在制定相关披露标准时也应该基于实证调研，搜寻各行业的相关材料以确定研究主题和每个主题所对应的具体标准。结合市场发展的实际情况，广泛征求社会各界利益相关者的意见，不断对标准进行调整和更新，制定一套全面有效的标准[2]。

中国 ESG 披露标准中采用的财务数据应该与中国会计准则中对财务报告的要求一致，关于企业的信息应该与中国工商局中登记的信息保持一致，若有变更应及时修改，便于审计活动的开展。披露标准中应该指出每个主题需要披露的商业数据，所有的计量单位应该选用国际计量单位制，方便企业活动的计量、管理和报告。

---

[1] 刘琪,黄苏萍.ESG 在中国的发展与对策 [J]. 当代经理人 ,2020(3):8—12.
[2] 陆铭.建立和完善我国上市公司 ESG 信息披露制度的实践及对策[J].科学发展,2021(10):33—39.

（二）提高内容全面性与灵活性

全面性指的是两个方面，第一，确认哪些问题应该属于ESG的研究范畴，尽量全面的包含ESG涉及的主题，然后再商讨如何将这些主题进行划分。第二，确定哪些行业应该包括在ESG范畴内，随着科技的发展，及时对ESG所覆盖的行业及相关标准进行调整和更新。将主题和行业确定后，再根据具体主题的内容和行业性质与特点进行ESG标准的制订。

具体标准的制订可参考SASB、GRI、ISO 26000等标准的制订流程、参与标准制订人员的选取、具体标准内容等，根据行业的具体情况，结合中国具体国情，制定一套具有中国特色的标准。这个体系必须有足够的灵活性，既能够满足区域发展的特点，又能保证国际一致性。

基于行业差异，建立并完善ESG信息披露特色化标准。在经济运行中，不同行业的环境、社会责任和公司治理存在明显差异，很难进行横向比较。因此，基于ESG信息披露行业特征，建立不同行业的差异化标准体系。例如对商贸流通企业、制造企业和金融企业分别开发并推广特色化ESG披露标准。

（三）加强制定流程规范性与专业性

标准的制订是一个复杂且耗时的工作，需要多方人员的配合，依靠合理制度和标准化程序规范行为，应保证整个制订过程的公开化和透明化，使每一步程序搜做到有证可循、有据可依、严谨合理。对于一些特殊情况可以采取特殊处理方式，比如临时披露等等。

参与人员可以借鉴SASB的组织结构，包括关于制定、决策、监督的部门或委员会，使每一步程序都有专门的组织负责。关于人员要求，不仅要明确什么样的人员才可以胜任该岗位，还要明确该人员在岗位上应履行什么样的职责。一方面，在参与人员的选取上，要确保相关性、专业性、广泛性。比如针对特定行业制定标准的人员应是综合性人才或者是专业性人才，要对行业发展历程、问题、特点、趋势有充分的认知。另一方面，为了确保标准能够尽可能多的满足利益相关者的需求，需要让更多的相关人员参与进来，以完善并优化标准。

（四）侧重披露实质性议题

在制订我国 ESG 标准时，应充分考虑企业实质性议题。通过学习 SASB 标准，主要应从 3 个层面考察，一是企业应注重可持续发展的重要影响：对于行业中确定的每个主题，SASB 会选择或开发可用于决策的会计指标，以说明该主题下的公司绩效。在制订 ESG 标准时，不仅要重视会计指标涉及可持续发展的影响，还要重视创新机会。二是要纳入利益相关者评估和决策：在披露实质性议题时应足够准确翔实，以供利益相关者评估报告组织的表现。ESG 报告中披露的数据信息应经过充分的测量，并对报告中披露的会计指标进行充分的描述，通过会计指标可以反映出企业在可持续发展背景下的经营表现。三是要综合经济、社会、环境可持续发展的重要影响：在人类可持续发展系统中，生态环境可持续是基础，经济可持续是条件，社会可持续才是目的。作为一个具有强大综合性和交叉性的研究领域，可持续发展涉及众多的学科，可以由不同重点的展开，所以，基于可持续发展角度确立 ESG 标准具有可行性和实质性意义。这三者之间层层递进，适用于不同行业的企业实质性议题披露。

（五）强制ESG信息披露

ESG 的数据公开是进行有关评估和统一标准的关键。[1] 现阶段我国上市公司的社会责任披露标准存在差异，行业中不同企业的披露指标不一，环境指标的披露单位也不尽相同[2]，这对 ESG 的评估造成了很大的阻碍。中信绿金技术（北京）营销总监崔子骁表示，这是一个非常重要的问题。崔子骁还指出，与国外的 ESG 评估相比，国内 ESG 的评估还处在起步阶段，ESG 的具体指标还不清楚，指标评估方法也不统一，因此，目前企业普遍还没有充分意识到 ESG 评估的重要性。要让上市公司认识到 ESG 的重要性和方法论，只有真正认识 ESG 评估的方法和各项指标对公司的发展意义，才能使企业真正重视 ESG。

《商道绿色金融 A 股上市公司 ESG 信息披露统计报告》显示，截至

---

[1] 雷英杰.ESG 重塑企业价值 [J]. 环境经济,2022(4):26—31.
[2] 吴芳.我国上市公司企业社会责任披露问题与对策分析 [J]. 全国流通经济,2019(24):26—28.

2021年5月31日,上海上市公司共1 894家,深圳上市公司2 425家,沪深两市A股共4 319家。自2021年以来,共有1 092家A股上市公司发布了2020年ESG报告,占A股上市公司总数的25.3%,其中上海上市公司641家(占上海证券交易所上市公司的33.8%)。在深圳注册的公司有451家(占深圳注册公司的18.6%)。

目前在世界范围内,应用最广的ESG信息披露指标是由GRI发起的GRI指南[1]。要把ESG引入到企业的投资决策中,必须要有指标体系、企业数据和评价指标。与此同时,公司的数据公开也很大程度上取决于监管部门和投资者对其信息披露的需求。

许多世界各地的监管机构、交易所等也都对ESG的信息公开提出了强制性要求或指南。一些投资公司和ESG的评级公司,例如MSCI、道琼斯、汤森路透、英国富时这些公司都有自己的评价准则,并根据它们的市场需要做出评价。就拿MSCI来说,它根据全世界超过5 500个上市公司的数据,每年编制100多个ESG指标。

"ESG的数据就像是一个基础的市场,只有在公布了最基本的信息以后,才能对它进行进一步的处理和分析。"明晟ESG亚太组负责人王晓书向记者表示,这些基本的数据都是公开的,比如公司的碳排放量,比如企业的数量,比如关于定性和定量的描述,比如开展相关的工作等。

(六)构建中国特色ESG评价体系

我国目前正努力构建符合国情的ESG综合评估制度。中国证券监督管理委员会中证金融研究所副所长马险峰表示,由于没有明确的定义,我国ESG投资产品有"漂绿"的空间,很容易造成ESG的投资决策错误,造成投资目标与风险不匹配,从而陷入两难境地。

对国有上市公司进行ESG整合是一项必要的任务。国务院国资委科技创新与社会责任局副主任张晓红认为,中国急需建立具有中国特色的、具有系统性、实用性和可行性的ESG评估体系。张晓红表示,目前国资委正根据国内外准则和中央企业的具体情况,对中央企业ESG进行了专题研究,并及时

---

[1] 李晓蹊,胡杨璘,史伟.我国ESG报告顶层制度设计初探[J].证券市场导报,2022(4):35—44.

编制、印发了《中央企业上市公司 ESG 蓝皮书》和《中央企业上市公司 ESG 建设指导意见》，推动中央企业上市公司将"环境、社会和治理"更好融入企业经营管理。

安永大中华区金融服务气候变化及可持续发展合作伙伴、安永亚太经合组织负责人李菁告诉记者，中国 ESG 评级起步较晚，资料不足，特别是发展时期过短，无法证明其正确性；此外，中资评级机构也要与国际评级指数进行比较，才能获得国外机构的认同。针对中国特色 ESG 评估制度的建立，中国银行汪慧青提出了以下几点意见：完善我国 ESG 评估制度的顶层设计，强化政策协作，减少我国 ESG 评估体系建设的障碍；制订强制性的 ESG 信息披露标准和规范要求；发展培育本土 ESG 评级机构，提高本地 ESG 评级机构的评价质量，确保企业敏感信息不被泄露，保障国家经济社会稳定安全。

（七）建立健全的ESG管治架构[1]

公司董事会应全面负责公司的经营战略和报表，评估和识别公司的主要安全生产环境，并建立适当和有效的安全生产设施的风险管理和内部监督体系。公司应对内外风险因素、经营过程进行全面的梳理，对《内部控制手册》的执行情况进行年度评价，并对其进行定期的修改，确保系统的动态维护。

另外，还应重视各利益相关者的沟通和交流。在 ESG 报告的编写中，公司通过现场访谈、问卷调查等方法，了解各利益相关者对公司 ESG 议题的重视，并依据所形成的重要议题分析矩阵，动态地调整报告的披露内容；公司应时刻密切关注国内外 ESG 政策及发展趋势，对行业评级机构所发布的 ESG 评价结果进行深入的剖析，对标同行业优秀企业 ESG 报告，学先进、找差距，为进一步提升公司 ESG 管理水平提供有力参考。

三、推进ESG落实

环境保护、社会责任与公司治理的统筹发展是 ESG 理念的核心。ESG

---

[1] 中证网.坚持高质量发展理念 华能国际 持续推动ESG体系建设[EB/OL].https://www.cs.com.cn/ssgs/gsxw/202109/t20210911_6203501.html.

理念在 2006 年由联合国第七任秘书长科菲•安南在 2004 年将 ESG（环境 Environmental、社会 Social 和治理 Governance）原则融入联合国责任投资框架（UN PRI），该原则的简单化描述就是满足 ESG 理念的投资行为才能符合 UN PRI。截至 2019 年底，已经有 2500 家以上的金融机构签署了 UN PRI 原则（Widyawati，2020），其中，48% 以上的欧洲投资主体、25% 以上的美国投资主体遵循 ESG 原则并进行 ESG 信息披露。但是，我国的 PRI 负责任投资仅占投资市场的 0.48%，ESG 理念应用程度相对较低。因此，企业不仅要树立 ESG 发展的全新理念，还应加大技术创新力度，且 ESG 理念要想在我国深入推进、发展与落实，必然也离不开政府的参与[1]。以下分别是从政府以及酒店行业自身方面推进 ESG 落实的思考与建议。

（一）政府层面

1.强化政府在ESG体系建设的主导作用

我国特有的体制优势、制度优势在 ESG 体系涉及的三个方面即 ESG 信息披露标准、ESG 评估机构及评价体系、ESG 投资机构投资指引等方面均可以发挥重要作用，政府部门及相关协会自律组织等也应发挥积极推动作用。证监会、交易所、基金业协会等资本市场相关部门及组织在这方面起到了良好的示范效应，建议债券市场、信贷市场相关政府部门及协会自律组织依据各自市场特点积极推动 ESG 体系三方面内容的建设。

2.明确公司治理在ESG体系建设的核心作用

一方面，环境责任、社会责任和公司治理，这三者之间的关系应当是一个中心，两个基本点，其中公司治理是中心，也是关键抓手，环境责任和社会责任是两个基本点；这三者之间的作用机制应当是通过加强公司治理，促进环境效益与社会效益的不断增加。另一方面，应基于我国国情和行业特点客观的确定企业环境和社会责任的范围，不能与现实相分离，应当遵循合规性的基本要求，如在判断环境责任是否合规时，应当首先确认是否符合与环境保护相关的法律法规，但同时也应关注到一些领域的环保立法是滞后的。

---

[1] 李井林,阳镇,陈劲等．ESG促进企业绩效的机制研究——基于企业创新的视角[J].科学学与科学技术管理,2021,42(9):71—89.

在社会责任方面，由于各个企业所涉及的范围不同，不应对企业提出不合理的要求，应通过市场经济规律、相关政策等，引导企业主动承担社会责任，并且应当重视的问题是，如何通过公司治理来使企业更有效的履行和承担在环境和社会方面的责任，这也是治理的重要作用的一种体现。

3.评价指标定性为主，注重实用性

ESG理念关注的更多是企业的非财务要素，其提出的初衷也是鼓励企业关注环境、社会与治理等方面的非财务性要素，与可以量化的财务指标相比，这些指标很难做到准确测量。所以，制订ESG评价指标应以定性指标为主，为了得到真实、完整、准确的ESG评价结果，各个指标需要具备实用性和可操作性,尽量减少空洞的表述。比如,在环境方面,可重点关注企业在资源消耗、污染防治等领域的表现；在社会方面，可重点关注企业在员工权益、产品安全等领域的表现，在治理方面，可重点关注企业在治理结构、治理机制等领域的表现。

4.推动从自愿披露到半强制披露再到全面披露的渐进式披露实践

长期以来，企业的ESG绩效表现较少受到关注，全球范围内大多数国家均采取自愿原则引导和鼓励企业披露ESG相关信息。然而近年来，越来越多的政策制定者开始转向以强制性手段要求企业披露ESG相关信息，对于ESG信息披露的规定逐步从鼓励、引导开始转向半强制或者强制。在这个逐步过渡的阶段，"不遵守就解释"原则得到了广泛的应用。例如，欧盟国家中的德国和意大利分别在2011年和2012年出台了鼓励企业披露环境及社会信息的政策，而在欧盟颁布了《非财务报告指令》后，两国相继在2016年和2017年出台了针对大型企业的强制性ESG信息披露规定，并要求不遵守的企业必须做出解释。中国香港也是一个典型的例子，2012年港交所发布了首部《环境、社会及管治报告指引》，并将该指引列入了交易所《上市规则》附录中，建议所有上市公司披露相关信息。随后，港交所分别于2015年和2019年又分别对《环境、社会及管制报告》（《主板上市规则》和《创业板上市规则》）进行了修订，对上市公司就《环境、社会及管治报告指引》中部分内容的披露提出了"不遵守就解释"的强制要求。与欧盟和中国香港的政策法规强制力相比,美国对于信息披露的要求不存在"不遵守就解释"的空间,除了少部分法规没有强制要求 ESG 披露外,大部分的政策法规均强制要求企业进行 ESG 信息的披露。对比之下,国家强制要求企业披露 ESG 信息有利于改善该国企业的可持续发展表现。但国际经验表明,政策法规的强制力和适用范围应遵守循序渐进的原则,给有关企业一定的过渡准备期,减少制度成本对企业发展的影响。而"不遵守就解释"原则为处于不同发展阶段的企业提供了一定的灵活空间,使得新制度在推广过程中更加容易被接受。

5.由大型企业开始逐步扩大适用范围

由于非财务信息披露涉及社会责任管理统筹、非会计科目相关数据的统计,需要耗费企业额外的人力、财力和物力,从而增加企业的运营成本[1],因此,许多国家和地区的 ESG 信息披露制度倾向于以大型企业为最先实施的排头兵,再逐步推广到中小型企业中,逐步扩大适用范围。例如,欧盟在 2014 年颁布的《非财务报告指令》中要求欧盟成员国在各自国内出台相关法令,强制员工人数超过 500 人以上的大型企业进行 ESG 信息披露。其中,丹麦和瑞典等国在此基础上更进一步地将强制披露 ESG 信息的企业规模要求限定在大于 250 人的企业。我国在推动企业 ESG 信息披露的过程中也可以参照此种模式,先要求大型企业率先进行披露,培育 ESG 投资市场激发中小企业披露积极性,逐步扩大披露范围。

6.利用政府引导、投资拉动、企业参与形成三方合力,推进ESG落实

综合来看,在全球其他先进国家和地区的 ESG 信息披露制度从建立、完善到落地运转的过程中,各国政府和监管机构往往最先开展行动,交易所等平台机构紧随其后,而专业服务机构则跟进并提供相应支持,企业相继开展信息披露行动,形成了多部门、多主体合作推进企业 ESG 信息披露的态势。因此,提高企业 ESG 信息披露质量需要结合市场和政府的双重力量,利用政府引导+投资拉动+企业参与,形成三方合力,避免单一政府主导模式。具体实施过程中,可由政府出面主持企业 ESG 披露标准的建设工作,引导鼓励企业使用国家标准进行 ESG 信息披露;投资者将 ESG 因素纳入投资决策的

---

[1] 王力.非财务信息披露在企业中的价值驱动与创造[J].会计之友,2019(1):138—141.

考量之中；企业通过披露重要ESG信息，履行部分信息披露合规工作，加强投资者关系管理，并通过多方利益相关者的参与，提高企业使用国家ESG标准的主动性。此外，ESG信息披露应引入生态系统的视角，建立监督机构、行业协会、研究机构的合作沟通机制，积极构建ESG生态体系，更好地推进ESG的落实。

7.加强ESG相关组织建设[1]

要想使ESG得到有效发展，首先需要有效的组织机构发挥引领和主导作用。这就意味着需要建立四位一体的协同机构，即建立控制力度强的权力机构、执行机构、监管机构以及研究机构，其中，权力机构主要负责制定ESG相关政策和规定，主导ESG发展的方向；执行机构主要负责ESG相关政策和规定的实施与运用；监管机构主要负责建立实施与运用过程中的及时反馈机制；研究机构主要负责研究并提供ESG发展过程产生的基础成果。各个机构之间在各司其职的基础上相互协调，紧密联系，通过这种相互之间的协同性与耦合性，共同形成了权力相互约束，功能相互促进的一个系统化的组织体系，通过四位一体的结构，共同促进ESG的发展与实施。

8.发挥后发优势，自上而下积极推动

我国的ESG发展总体上是后发于一些发达经济体的，其劣势体现在对于ESG理念的社会认知不断深入，各主体尚无法全面发挥主观能动性以积极推进ESG实践的快速发展，优势是可以利用后发优势，充分利用已有的全球性成果：一方面，积极融入全球ESG发展大势；另一方面，自主构建适合中国国情的ESG框架与标准，将中国文化与价值观内嵌其中，依靠强有力的组织架构，自上而下有效推进ESG发展与落实。

9.横向有重点地推进ESG实践落实

从ESG推进范围来看，可以按照企业性质和规模逐步推进落实。由于ESG披露与实践着眼于长期效果，短期内实施个体需要承担一定成本，盲目大范围铺开不现实也没有必要。因此，可以选取能够承担初期成本，在管理

---

[1] 经济参考报.践行ESG理念 服务经济高质量发展[EB/OL].https://m.gmw.cn/baijia/2021—11/23/1302690145.html.

运营上能更好实现 ESG 收益的企业，特别是一些有社会影响力的企业，由这些企业作为排头兵，牵引整个商业领域的 ESG 行动。随着 ESG 发展的不断深入，逐步扩大 ESG 实施主体范围，有重点地推进 ESG 的落实。

10.政府进一步完善国内ESG相关法律法规，建立政府主导的ESG信息披露体系

由于政策制定者、监督者、投资者和其他利益相关者越来越关注企业 ESG 状况，同时，我国为了实现"双碳"目标，也要求各企业主动行动起来，未来 ESG 实践及其信息披露必然会进一步规范和强化，ESG 相关的法律法规也需要得到进一步的完善。

同样的，对于 ESG 的推进落实不仅需要政府提供支持的政策环境，还需要企业自身的努力来助力 ESG 的推进落实。因此，以下是对酒店行业中的企业关于 ESG 理念的落实与推进的一些可参考的思考与建议。

（二）企业层面

1.建立健全的ESG管治架构

公司在 ESG 的管理制度和相关报告等方面的全部责任都由公司董事会承担，并且董事会还负责评估和确定 ESG 方面的主要风险，以及建立实时的、有效的 ESG 风险管理系统和内部监控系统，以确保能实现 ESG 相关管理程序的制度化、标准化和流程化。由于各方面都存在不确定性，所以为了做好制度体系的动态调整和改善，不仅要全方位的总结分析内外部风险因素和各项业务流程，每年或定期对管理系统的有效性进行评估，并在必要时进行修订完善，还要将与各个利益相关者的沟通和交流也放在重要地位。另外，在 ESG 报告的编制过程中，可通过对部分利益相关者的面对面访谈、问卷调查、收集反馈信息等途径，深入了解利益相关者对公司 ESG 相关方面的重视和关注程度，在此基础上根据重要性问题对报告披露的内容进行相关的动态调整。为了促进公司 ESG 相关工作的有效实施，还应及时关注国内外于 ESG 相关的政策、市场动态和行业行为等，重视并分析专业评级机构的评级结果，与同行业中的表现良好的公司相对比，完善自身不足之处，以不断提升其 ESG 管理水平。

2.建立全员参与的ESG管理模式

酒店行业企业可以成立ESG工作领导小组，由公司分管领导担任组长，各业务部门负责人担任副组长，对重大事项进行决策，同时各部门指派相关人员作为组员，负责ESG管理的日常沟通并落实具体工作。公司应设立ESG管理部门，对ESG工作领导小组负责，牵头开展日常工作，并负责ESG报告的对外披露工作。ESG工作领导小组的成立，有助于形成ESG管理工作的汇报机制，并建立由公司董事会决策、管理层领导、各部门共同参与的ESG工作模式，全面保证公司ESG管理的有效性和持续性。

3.规范统一的信息收集机制

ESG报告是公司年度信息披露的一项重要工作。为保证信息填报的及时性和准确性，公司应建立包括一套指标体系手册、一套数据填报工具和一套填报审核流程等规范的ESG信息收集机制。

（1）一套指标体系手册

公司可根据中国香港联交所ESG指引要求，结合全球报告倡议组织发布的《可持续发展报告标准》和利益相关者调查结果，确定报告拟披露的重要议题及数据指标。指标体系手册应明确公司需收集的文字信息及数据指标、具体定义以及归口管理部门，为ESG信息收集和披露工作提供明确的框架及指引。公司各归口管理部门及下属单位根据指标手册统计并填报信息。公司每年应根据报告披露标准、国家法规政策、公司规章制度等变化对指标体系手册进行更新，确保适用性。

（2）一套数据填报工具

在指标体系手册的基础上，为便于数据指标的填报，公司应设计完成一套数据填报工具，明确公司本部、区域公司和基层单位分别需要填报的数据指标，并规定数据收集模式、适用范围以及指标定义等。

（3）一套填报审核流程

公司在梳理数据指标时，需要区分可由公司本部直接获取的指标以及需要基层单位配合上报的指标。对需上报的指标采用"逐级上报、层层审核"的收集模式，基础数据由基层单位填写，经区域公司和公司业务部门审核汇总后统一报送 ESG 管理部门。公司 ESG 管理部门收齐全部指标数据后，再次进行核查和校验。自下而上、逐级审核的填报流程有助于保证披露数据的真实、准确和完整。

4.实现编制及披露流程的标准化管理

自 2016 年编发《环境、社会及管治报告》以来，公司应不断探索、持续优化 ESG 工作流程，并将 ESG 报告编制及披露相关业务流程纳入公司《内部控制手册》，实现 ESG 管理的标准化和制度化。

5.完善ESG管理体系

酒店行业应秉持 ESG 理念，构建 ESG 理念体系，并探索将其全面融入 ESG 管理的有效路径，具体构建惠及各方的 ESG 理念体系，携手各利益相关者实现共同可持续发展。

6.ESG管理实践推进ESG落实

针对企业发展战略和利益相关者关注的重点议题，中国酒店行业推进 ESG 管理工作应与企业经营管理和社会热点议题相结合，从能源管理、水管理、生态影响、劳工惯例、气候变化适应、共享住宿、建筑材料以及顾客满意等方面精准策划，促进环境、社会范畴各项管理落地，更好地推进 ESG 的落实。

7.坚守责任担当彰显初心使命[1]

公司应积极参与社会公益，发动员工身体力行参与慈善和环保活动。例如，首旅如家酒店集团积极加入"创建绿色酒店"的阵营当中，推动绿色环保酒店的成型与标准化，倡导安全、环保、健康的消费理念，采用健康环保的方式，对酒店进行科学管理。在 2020 年疫情暴发期间，希尔顿采取了切实行动支持团队成员和所在的社区，携手美国运通和酒店业主，向美国一线抗疫医护人员捐献 100 万酒店晚房，联合世界中央厨房向部分入住希尔顿酒店的医护英雄提供餐饮。在中国武汉，来自 3 家酒店的 169 名团队成员接待了 1 369 名援驰武汉的医护人员；其后，四家酒店接待了 1 000 多名从武汉返回各地的医护人员，向感染新冠肺炎病毒的团队成员发放约 50 万美元援助，帮助支付

---

[1] 证券时报网.勇担企业责任，践行ESG理念——东海证券执委会主任(总裁)殷建华谈ESG [EB/OL]. https://www.stcn.com/company/gsdt/202112/t20211222_3997258.html.

相关费用,包括照顾儿童或老人等等一些事情。尽管2020年酒店业面临挑战,但是希尔顿仍然在很多方面取得成就,包括实现185 000小时志愿服务,创造线上志愿服务等新方式等,由此可见,希尔顿在积极的践行着ESG理念并将ESG理念真实的落实到地。因此,企业不仅要树立ESG发展的全新理念,还要践行ESG理念,推进ESG的落实。

8.将ESG理念融入自身商业模式中,利用科技创新,推进ESG落实

在银行业金融机构深入贯彻ESG发展理念的同时,一个积极的变化正在发生:众多向银行业金融机构提供科技服务的金融科技公司,正将ESG理念与自身发展相结合[1],以期通过科技助力金融发展,探索更多可持续的方式,去帮助更多需要帮助的人。以金融科技公司信也科技为例,在《2020年环境、社会及管治报告》中指出,公司以"科技,让金融更美好"为使命,将ESG理念融入自身商业模式中,将企业战略运营与公司管治、风险管理、客户服务、员工发展、社会公益等内容与ESG议题相结合,持续利用创新技术推进普惠金融,积极回馈社会,以更可持续的方式扩大对社会的影响。因此对于酒店行业,为了更好地落实ESG实践,可以结合科技创新,打造智能酒店,实现节能减排,进而更好地推进ESG的落实。

9.企业建立ESG数据库,对ESG信息和数据进行更有效的收集与管理[2]

企业应当建立社会责任信息管理系统或ESG信息管理系统,并完善信息披露流程,逐步提升企业ESG管理水平。同时企业需要不断提高自身ESG及社会责任意识,积极主动地披露ESG相关信息,以此提升企业非财务信息透明度,这既顺应了外部监管趋严的趋势又提升了企业自身ESG表现,有助于企业提升自身形象和社会评价。

除此之外,为了更有效地推进企业ESG的贯彻落实,还可以从以下4方面开展相关工作。第一,在遵守相关监管政策的规定下,加强与监管机构的有效沟通和交流;第二,从企业内部来看,应将责任落实到各级,即明确从

---

[1] 刘霞,华玥涵.银行业金融机构建设ESG管理体系的国内外实践与探索[J].金融纵横,2021(5):42—47.

[2] 锦天城律师事务所.碳中和时代下,ESG投资及信息披露研究[EB/OL].https://www.allbrightlaw.com/CN/10475/5c38d34b83eaeee6.aspx

上至下各个层级的 ESG 责任，比如明确董事会、管理层、基层员工等的具体责任；第三，为了使企业在经营管理过程和业务流程中能真正践行 ESG 理念，应当在企业内部建立 ESG 指引和要求，用以指导企业的战略制定方向；第四，应当确定企业的 ESG 责任人，责任人每年要向董事会汇报企业 ESG 的践行和实施情况。特别需要指出的是，在企业经营管理活动中融入 ESG 理念，并将其贯彻落实，并不是一句口号或者简单的概念，而是要将其深入地与企业经营的各个方面和各个流程相结合，使 ESG 理念真正落到实处，从而推动企业的可持续发展。

参考文献

[1]Charkham J. Corporate governance: lessons from abroad[J].European Business Journal, 1992,4(2) :8—16.

[2]Clarkson M E. A stakeholder framework for analyzing and evaluating corporate social performance[J]. Academy of management review, 1995, 20(1): 92—117.

[3]Dixit A. Power of incentives in private versus public organization[J]. European Economic Review. 1997, 87:378—382.

[4]Freeman R E. Strategic management: A stakeholder approach[M]. Cambridge university press, 2010.

[5]Robert J, Larner. Ownership and control in the 200 largest nonfinancial corporations, 1929 and 1963[J]. The American Economics Review, 1966, 56(4): 777—787.

[6]Ross S. The economic theory of agency: the principal's problem[J]. American Economic Review, 1973, 63:134—139.

[7]Shleifer A & R.W. Vishny. A survey of corporate governance[J]. Journal of Economics and Management Strategy,2001,10(1): 7—45.

[8]Wilson R. The structure of incentives for decentralization under uncertainty[J]. LA Decision,1963.

[9]吴棋. 基于当代科技的酒店管理发展研究的实践分析[J].度假旅游,2019(2):97.

[10] 王建喜, 林晓意. 现代科技与酒店发展国内研究动态与展望[J]. 特区

经济,2019(6):104—107.

[11] 张剑,邢妍,刘利军.酒店送货机器人人机交互设计应用研究[J].工业设计,2016(12):73—75.

[12] 田应仲,何朝伟,陈时光等.基于ROS酒店服务机器人软件设计[J].电器与能效管理技术,2017,(24):29—34.

[13] 杨秋莹.后疫情时代酒店业发展策略研究[J].商场现代化,2020(23):80—82.

[14] 夏必琴,王家祥.疫情对酒店业的影响及对策建议[J].上海商业,2021(5):24—26.

[15] 郭旦华.疫情对酒店业的影响及"后疫情"时代行业的营销策略管理[J].商展经济,2021(19):38—40.

[16] 张平.自媒体的发展变革[J].中国传媒科技,2022(2):34—36.

[17] 章勇刚.浅谈新冠肺炎疫情下酒店开展危机管理四点建议[J].福建茶叶,2020,42(3):294—295.

[18] 梁秋萍.试论体验经济背景下的酒店产品创新设计[J].科技经济市场,2021(1):92—93.

[19] 林晓珊.新型消费与数字化生活：消费革命的视角[J].社会科学辑刊,2022(1):36—45,209.

[20] 李沐纯,魏卫.基于低碳技术创新的我国酒店业转型升级发展战略与运营机制研究[J].生态经济,2012(4):154—157,161.

[21] 宋黎娜.试论基于旅游业繁荣发展背景下的酒店管理经营策略[J].经济师,2021(6):132—133.

[22] 胡雯.红色旅游持续升温 新生代游客创新高[J].中国对外贸易,2021(7):70—71.

[23] 高光辉.酒店业对经济的影响[J].中外企业家,2015(4):265.

[24] 闫博雅.浅析酒店品牌建设——以某酒店为例[J].传播力研究,2019,3(5):193,195.

[25] 赵英华,刘慧贞.北京威斯汀酒店客户关系管理研究[J].山西农

经,2020(3):103—104.

[26] 陶薇,李国昊.大数据时代背景下零售业会员制创新营销策略分析[J].商业经济,2019(2):85—87.

[27] 法义滨.新形势下酒店经营管理创新策略探讨[J].西部旅游,2021(6):65—66.

[28] 李晓松.数字化时代下酒店业与高职酒店管理专业的发展策略探索[J].商业经济,2022(4):194—196.

[29] 申燊.新时期民宿产业发展探析[J].北京财贸职业学院学报,2021,37(2):29—32.

[30] 柯立佳.酒店地产项目的投资策略研究[J].北方经贸,2017(9):158—160.

[31] 王炜,陈霞.打造文旅度假酒店,成就非凡体验——以银基冰雪酒店设计为例[J].城市建筑空间,2022,29(1):90—93.

[32] 彭诚.中国经济型酒店室内设计现存问题与对策研究[J].新型工业化,2021,11(1):166—167,170.

[33] 齐新征.跨文化背景下中美酒店管理比较和借鉴[J].四川旅游学院学报,2018(3):31—33.

[34] 马毅鑫.从组织结构看国内外酒店管理[J].全国商情,2016(14):26—27.

[35] 邵一桐.浅析旅游业新发展中酒店业的经营——以杭州第一世界大酒店为例[J].营销界,2019(48):175,205.

[36] 刘璐,呀文涛.企业ESG评价和传统信用评级体系比较研究[J].新金融,2021(4):59—64.

[37] 王凯,张志伟.国内外ESG评级现状、比较及展望[J].财会月刊,2022(2):137—143.

[38] 马险峰,王骏娴.上市公司ESG信息披露制度思考[J].中国金融,2021(20):69—70.

[39] 牛文元.可持续发展理论的内涵认知——纪念联合国里约环发大会

20 周年 [J]. 中国人口资源与环境, 2012, 22(5):9—14.

[40] 黄世忠. 支撑 ESG 的三大理论支柱 [J]. 财会月刊, 2021(19):3—10.

[41] 贾生华, 陈宏辉. 利益相关者的界定方法述评 [J]. 外国经济与管理, 2002(5):13—18.

[42] 李娜. 委托代理理论在公司治理问题中的应用与扩展 [J]. 中国管理信息化, 2019, 22(15):83—84.

[43] 梁华杰. 上市公司委托代理问题与对策 [J]. 现代商业, 2018(19):112—117.

[44] 王大地, 黄洁. ESG 理论与实践 [M]. 北京: 经济管理出版社, 2021:15—22.

[45] 宋建波, 唐宝, 阮璐瑶. 内部控制、外部环境监管压力与环境信息披露——基于沪深 A 股上市公司的经验证据 [J]. 国际商务财会, 2018(4):12—19.

[46] 唐娟, 程万鹏, 刘晓明. 影响力投资及其对我国政府投资的借鉴意义 [J]. 商业经济研究, 2016(8):172—175.

[47] 王涵, 卓泓, 陈嘉媛. 可持续投资：历史、现状与展望 [J]. 国际金融, 2021(7):17—25.

[48] 何茜. 绿色金融的起源、发展和全球实践 [J]. 西南大学学报 (社会科学版), 2021, 47(1):83—94, 226.

[49] 刘璐, 吁文涛. 企业 ESG 评价和传统信用评级体系比较研究 [J]. 新金融, 2021(4):59—64.

[50] 陈宁, 孙飞. 国内外 ESG 体系发展比较和我国构建 ESG 体系的建议 [J]. 发展研究, 2019(3):59—64.

[51] 王珊珊, 张晗. 我国 ESG 评价实践发展研究 [J]. 当代经理人, 2020(4):6—10.

[52] 沈晓倩. ESG 基金在中国：现状和前景 [J]. 中国外资, 2021(13):92—93.

[53] 夏韵, 孙明春. 人工智能产业发展中的 ESG 风险分析 [J]. 现代金融导刊, 2021(3):16—21.

[54] 杨蕙宇. 国内外 ESG 体系的比较 [J]. 企业改革与管理,2020(2):51—52.

[55] 徐倩,李薇薇. 我国绿色酒店的可持续发展中的策略研究 [J]. 度假旅游,2019(4):232—233.

[56] 徐艺维. 可持续发展视角下的乡村酒店发展分析 [J]. 农家参谋,2020(1):31.

[57] 吴菱蓉. 基于生命周期设计法的青年旅舍可持续发展研究 [J]. 家具与室内装饰,2021(9):91—95.

[58] 鲁瑶. 酒店绿色管理与可持续发展战略的融合策略探讨 [J]. 企业改革与管理,2021(3):28—29.

[59] 蒋术良. 基于利益相关者的酒店社会责任缺失分析 [J]. 江苏技术师范学院学报,2011,17(7):9—12.

[60] 曾惠英. 酒店对利益相关者的社会责任初探 [J]. 经济研究导刊,2013(34):248—249.

[61] 鲍黎丝. 利益相关者视角下四川旅游饭店低碳行为影响因素及作用机制研究 [J]. 度假旅游,2018(12):73—75.

[62] 王敏,胡佳女. 利益相关者视角下酒店社会责任研究 [J]. 现代营销(信息版),2020(3):76.

[63] 闫星良. 企业 ESG 实践——以中国平安和微软公司为例 [J]. 当代经理人,2021(4):29—33.

[64] 王晓毅. 打好三大攻坚战,乡村环境问题十分关键 [J]. 国家治理,2018(18):12—17.

[65] 李文,顾欣科,李灿权.ESG 助力企业和金融体系可持续发展 [J]. 可持续发展经济导刊,2021(C2):101—103.

[66] 王贺佳.ESG 评级对企业绩效影响研究文献综述 [J]. 现代企业,2021(9):86—87.

[67] 任紫娴,顾书畅,杨雨竹等.ESG 表现与企业财务绩效关系实证研究[J]. 经营与管理,2021(11):26—32.

[68] 冯闻洁. 发挥社会主义市场经济制度优越性刍议 [J]. 兵团党校学报, 2020(2):87—91.

[69] 陆铭. 建立和完善我国上市公司 ESG 信息披露制度的实践及对策 [J]. 科学发展, 2021(10):33—39.

[70] 魏卫, 陆良冰, 黄杜佳. 酒店环境行为对酒店绩效的影响研究 [J]. 旅游研究, 2016,8(5):75—85.

[71] 刘兴. 境内外 ESG 投资发展比较及其对上海的启示 [J]. 科学发展, 2021(12):55—61.

[72] 卢梦佳. 浅谈国家政策对化工行业的影响和未来发展趋势 [J]. 今日财富, 2021(18):1—3.

[73] 黄承梁. 新时代中国生态文明建设新的历史方位 [J]. 中国发展观察, 2022(1):15—18.

[74] 宗平, 苏英洁. 新冠疫情对我国住宿业的影响及其对策分析 [J]. 全国流通经济, 2020(16):18—19.

[75] 张贺, 常泽军, 章卫兵. 论行业年度报告的策划出版——以《国内外油气行业发展报告》为例 [J]. 出版参考, 2020(5):64—66.

[76] 冀云洁. 做好行业新闻之我见 [J]. 新闻论坛, 2017(5):58—59.

[77] 于凤霞, 高太山, 关乐宁等. 共享住宿对城市经济社会发展影响的实证研究 [J]. 技术经济, 2019,38(7):109—118.

[78] 何东飞. 后疫情时代酒店行业复苏路径探析 [J]. 四川旅游学院学报, 2021(2):23—26.

[79] 李鹏, 陈雪钧. 国内共享住宿研究综述 [J]. 商业经济, 2020(6):49—53.

[80] 邓文君, 袁华, 钱宇. 基于社交媒体的企业行为事件挖掘 [J]. 中文信息学报, 2018,32(10):98—108.

[81] 洪大用. 企业行为与绿色发展 [J]. 广西民族大学学报(哲学社会科学版), 2017,39(6):86—89.

[82] 黄佳佳, 李鹏伟, 彭敏等. 基于深度学习的主题模型研究 [J]. 计算机学报, 2020,43(5):827—855.

[83] 蔡玉清, 董书阳, 袁帅等. 变量间的网络分析模型及其应用[J]. 心理科学进展, 2020, 28(1):178—195.

[84] 贾彤. 节能环保理念在酒店建筑设计中的应用研究[J]. 建材与装饰, 2020(7):109—110.

[85] 陆毅, 赵金辉, 徐斌等. 高层宾馆建筑用水调查与节水措施探讨[J]. 给水排水, 2015, 51(11):70—73.

[86] 周伟业, 彭琛, 刘珊等. 酒店建筑能耗影响因素分析[J]. 建筑科学, 2015, 31(10):31—37.

[87] 张宏丽. 绿色生态酒店建设经济驱动模式研究[J]. 现代商贸工业, 2016, 37(23):54—56.

[88] 侯国林, 黄震方, 台运红等. 旅游与气候变化研究进展[J]. 生态学报, 2015, 35(9):2837—2847.

[89] 蒋亚萍. 顾客满意度的内涵及提升策略[J]. 经济论坛, 2015(7):109—111.

[90] 杨军辉, 夏芦希, 王叶子. 酒店员工服务意识的养成与提升策略研究[J]. 中国商论, 2021(13):111—113.

[91] 胡姗, 杨兴柱, 王群. 国内外共享住宿研究述评[J]. 旅游科学, 2020, 34(2):41—57.

[92] 田原, 吴青. 全球ESG投资发展与中国实践[J]. 中国国情国力, 2021(12):59—62.

[93] 陈婉. ESG投资从边缘到主流[J]. 环境经济, 2022(4):18—25.

[94] 金希恩. 全球ESG投资发展的经验及对中国的启示[J]. 现代管理科学, 2018(9):15—18.

[95] 王超. 浅析商业银行微观层面ESG经营管理体系建设[J]. 时代金融, 2021(23):62—64.

[96] 裘涵, 杜乐芸. 阿里巴巴创造商业与公益双重价值[J]. 企业管理, 2020(10):74—77.

[97] 刘琪, 黄苏萍. ESG在中国的发展与对策[J]. 当代经理人, 2020(3):8—

12.

[98] 陆铭. 建立和完善我国上市公司 ESG 信息披露制度的实践及对策 [J]. 科学发展, 2021(10):33—39.

[99] 雷英杰. ESG 重塑企业价值 [J]. 环境经济, 2022(4):26—31.

[100] 吴芳. 我国上市公司企业社会责任披露问题与对策分析 [J]. 全国流通经济, 2019(24):26—28.

[101] 李晓蹊, 胡杨璘, 史伟. 我国 ESG 报告顶层制度设计初探 [J]. 证券市场导报, 2022(4):35—44.

[102] 李井林, 阳镇, 陈劲等. ESG 促进企业绩效的机制研究——基于企业创新的视角 [J]. 科学学与科学技术管理, 2021,42(9):71—89.

[103] 王力. 非财务信息披露在企业中的价值驱动与创造 [J]. 会计之友, 2019(1):138—141.

[104] 刘霞, 华玥涵. 银行业金融机构建设 ESG 管理体系的国内外实践与探索 [J]. 金融纵横, 2021(5):42—47.